GOL DA ALEMANHA

AXEL TORRES E ANDRÉ SCHÖN

Tradução de Thiago Arantes
Prefácio de Gerd Wenzel

1ª reimpressão

Copyright © Editora Grande Área, 2016

Franz. Jürgen. Pep. Copyright © 2014, Axel Torres, André Schön y Guillermo Valverde

Grafia atualizada segundo o Acordo Ortográfico da Língua Portuguesa de 1990, que entrou em vigor no Brasil em 2009.

Título original: Franz. Jürgen. Pep.

Preparação: Andressa Bezerra Corrêa

Revisão: Patricia Calheiros e Luciana Baraldi

Capa: Aline Temoteo

Dados Internacionais de Catalogação na Publicação (CIP)
(Câmara Brasileira do Livro, SP, Brasil)

Torres, Axel
      Gol da Alemanha / Axel Torres , André Schön e Guillermo Valverde – Campinas, SP : Editora Grande Área, 2016.

      Título original: Franz. Jürgen. Pep.
      ISBN 978-85-69214-07-6

      1. Beckenbauer, Franz, 1945- 2. Futebol – Alemanha – História 3. Guardiola, Pep, 1971- 4. Klinsmann, Jürgen, 1984- 5. Treinadores de futebol I. Schön, André. II. Valverde, Guillermo. III. Título.

16-01526   CDD-796.3340943

Índice para catálogo sistemático:
1. Alemanha : Futebol : História 796.3340943

[2016]

Todos os direitos desta edição reservados à

Editora Grande Área

Av. Tenente Haraldo Egídio de Souza Santos, 777 – sala 01

Jd. Chapadão – 13070-160 – Campinas – SP

Apresentação à edição brasileira

A narrativa de *Gol da Alemanha* é construída a partir do intercâmbio de ideias entre os dois coautores da obra: o jornalista esportivo espanhol Axel Torres e seu professor de alemão, André Schön — que assina os capítulos que escreve utilizando seu apelido, Franck. Determinados a desvendar as transformações pelas quais o futebol alemão passou desde os anos 1970 até a conquista da Copa do Mundo de 2014, aluno e professor aos poucos foram abandonando os ritos de aprendizagem do idioma para mergulhar cada vez mais fundo na investigação desse processo de reconstrução futebolística, cujo desfecho teve sabor amargo para os brasileiros.

É do diálogo estabelecido entre Axel e Franck, cada um com sua particular visão de mundo, que deriva a estrutura narrativa da obra: os autores se revezam, capítulo após capítulo, no relato de suas impressões e lembranças sobre o jogo praticado pelos alemães ao longo do tempo. Além dos trechos escritos por Axel, que cresceu nos arredores de Barcelona, e André Schön (ou Franck), que viveu a adolescência em Munique, existem também dois capítulos de autoria de um amigo da dupla, Guillermo Valverde — Willy, para os íntimos —, que foi enviado a um pequeno rincão da Alemanha em uma missão especial... Vocês logo descobrirão qual era.

Acreditamos que com esta breve apresentação a leitura de *Gol da Alemanha* será ainda mais prazerosa. Prepare-se para uma viagem no tempo ao lado de Franz Beckenbauer, Gerd Müller, Jürgen Klinsmann, Thomas Tuchel, Ralf Rangnick, Jürgen Klopp, Pep Guardiola e muitos outros.

Prefácio

Um novo começo

Era o ano de 1990 e logo após a conquista do "tri" pela Alemanha frente à Argentina em pleno Estádio Olímpico de Roma, Franz Beckenbauer perambulava solitário pelo gramado, imagem que ficou gravada na minha memória até os dias de hoje. Naquele momento histórico, todos os que captaram aquele instante de solidão do Kaiser dariam tudo para saber o que se passava na cabeça do então técnico da *Nationalelf*.

Decorridos alguns minutos, Beckenbauer, num arroubo de orgulho nacional, declarava sem meias palavras: "Sinto muito pelo resto do mundo, mas seremos imbatíveis por muitos e muitos anos".

Entretanto, a sua profecia não se concretizou. Dois anos depois, a Alemanha perdia a final da Eurocopa para a Dinamarca, uma seleção que só participou da fase final do torneio porque a Iugoslávia, em guerra, tinha sido excluída.

Mais dois anos, e um vexame maior. Desta vez na Copa do Mundo dos Estados Unidos, quando caiu nas quartas de final diante da Bulgária após uma campanha medíocre. É verdade que venceu um título europeu em 1996 com o gol de ouro na prorrogação contra a República Tcheca, mas a ducha de água fria viria logo depois na Copa da França: mais uma eliminação nas quartas de final, desta vez pela Croácia por 3 a 0.

Nas duas Eurocopas seguintes (2000 e 2004), novos fracassos ainda maiores: eliminação na fase de grupos nas duas competições. No interregno, um ligeiro alento: o vice da Copa do Mundo de 2002.

Ou seja, os anos dourados profetizados por Franz Beckenbauer viraram meras bolhas de sabão. Foram seis torneios nos quais o máximo que a Alemanha conseguiu foram dois vices. Tirando isso, a orgulhosa seleção alemã contabilizava quatro eliminações precoces.

Diante desse quadro desolador, algo precisava ser feito. E tanto a Federação Alemã de Futebol quanto a Bundesliga puseram mãos à obra. Já antes da virada do século, os clubes eram incentivados a otimizar as suas academias, promover a integração de jovens descendentes de imigrantes aos seus times de base e modernizar o seu quadro de treinadores, dando cada vez mais ênfase às habilidades técnicas do jovem aspirante a jogador profissional que apenas aos aspectos da robustez física.

Ao mesmo tempo, praticamente todos os estádios alemães passaram por reformas modernizadoras, com o objetivo de proporcionar cada vez mais conforto não apenas ao torcedor, mas ao público em geral. E o resultado pode ser visto a cada fim de semana em qualquer jogo de futebol da Bundesliga: estádios invariavelmente lotados e um público eclético formado não apenas pelas torcidas, mas também por pessoas de todas as idades que apreciam o esporte pelo esporte — são fãs do futebol.

Em recente entrevista que fiz com Dr. Reinhard Rauball, presidente da Liga Alemã de Futebol, me foi dito: "O futebol é o esporte do povo e nós temos a responsabilidade de torná-lo acessível a todos, e isso com todo o conforto, sejam homens, mulheres ou crianças de qualquer idade e de qualquer etnia. Este é o nosso compromisso e nós o cumpriremos".

Resultado: já faz alguns anos que a Bundesliga ostenta a maior média de público por jogo (entre 42 mil e 43 mil espectadores) a cada temporada. E só não é maior porque alguns estádios, apesar de modernos, não comportam mais que 30 mil pessoas.

Gol da Alemanha

Essa reestruturação organizacional da Bundesliga andou de mãos dadas com a reestruturação técnica promovida por alguns jovens treinadores conscientes de que futebol também é espetáculo. Para eles, tratava-se agora de aliar as "velhas virtudes" do futebol alemão a conceitos mais modernos que não abriam mão de jogadores habilidosos e tecnicamente versáteis.

E os resultados dessa aliança não demoraram a aparecer. Já na Copa de 2006, sob o comando de Jürgen Klinsmann, uma nova Alemanha surgia aos olhos do mundo. Logo após o jogo de abertura contra a Costa Rica, vencido pela Alemanha por 4 a 2, Armando Nogueira me dizia: "Sua seleção jogou como campeã mundial". Não era para tanto, mas foi daquele elenco que nasceu a semente do futebol alemão como o conhecemos hoje. Talentos muito jovens, como Philipp Lahm (22 anos), Bastian Schweinsteiger (21) e Lukas Podolski (21) deixaram suas marcas naquela Copa.

Quatro anos mais tarde, a Alemanha, comandada agora por Joachim Löw, que tinha sido o assistente técnico de Jürgen Klinsmann, jogou bonito e ao trio mencionado no parágrafo anterior se juntaram jovens talentosos, como Manuel Neuer, Jérôme Boateng, Sami Khedira, Mesut Özil, Toni Kroos e Thomas Müller. Estava formada a espinha dorsal do time que, no Brasil, conquistaria pela quarta vez o título de campeão mundial. Sem esquecer que, aos elencados acima, ainda se juntariam talentos como Mats Hummels, Mario Götze e André Schürrle para levantar o caneco em pleno Maracanã. Marco Reus teve de ficar em casa porque se contundiu num amistoso da Mannschaft antes do embarque para o Brasil.

Além de Jürgen Klinsmann e Joachim Löw, outros jovens técnicos deram novos impulsos que levaram o futebol alemão ao patamar em que se encontra hoje. Ralf Rangnick (Hoffenheim e Leipzig), Jürgen Klopp e Thomas Tuchel (ambos no Mainz e Borussia Dortmund) fazem parte dessa nova linhagem de treinadores sempre em atualização, espelhando-se, quem sabe, em Pep

Guardiola que, *last but not least*, independentemente de títulos, deixará um legado considerável no futebol da Alemanha como um todo — seja nos clubes, seja na seleção.

É isso que o livro que você tem em mãos vai tentar mostrar por meio de um diálogo inusitado e improvável entre um jornalista esportivo espanhol e um professor de alemão.

Gerd Wenzel
Jornalista esportivo e comentarista dos jogos da
Bundesliga e da Alemanha nos canais ESPN

Introdução

Acho que nenhum de nós dois esperava que tudo isso fosse terminar em um café de aeroporto no Rio de Janeiro. Que o último e-mail enviado por mim a Franck partiria do Brasil, e que a Copa de 2014 fosse ter tanto peso no que, em princípio, era apenas um texto sobre o impacto que Klinsmann havia tido na Alemanha, a ponto de fazer um clube como o Bayern decidir contratar Guardiola. Na verdade, ninguém poderia imaginar nada do que acabou acontecendo: que este livro, proposto por mim a Eduard, o editor da Contra, justo no dia do lançamento de *11 Ciudades* em Sabadell, viria a ser escrito em parceria com um professor de alemão que eu tinha acabado de conhecer. Ou que o motivo de nos conhecermos — o meu desejo de aprender um idioma para entender melhor uma cultura futebolística que me fascinava — acabaria transformando nossa relação em algo mais próximo da minha última obsessão, e não tanto da aprendizagem em si, do serviço que solicitei depois de anotar um número de telefone encontrado numa pesquisa no Google, quando digitei "professor de alemão Gràcia[1]".

Num período da minha vida em que eu me fazia muitas perguntas sobre aonde ir, para onde fazer uma viagem rápida — para Hamburgo, sempre Hamburgo como destino idealizado, como lugar em que a

---

1 BAIRRO DA CIDADE DE BARCELONA. (N. T.)

princípio qualquer um se afastaria de seus medos e aproveitaria para contemplar os entardeceres pré-escandinavos —, o fato de ter conhecido um alemão politicamente incorreto, crítico de sua sociedade mas ao mesmo tempo orgulhoso de sua cultura, me fez entender que o retiro espiritual poderia esperar e que ainda tínhamos muitas coisas por fazer. Inclusive me fez entender que o retiro espiritual poderia ser na própria Barcelona, ou em Sabadell, ou em qualquer lugar, e que o importante não é onde a pessoa está, mas sim o seu próprio comportamento e seu domínio da situação a cada momento. Com Franck aprendi sobre a vida. Aprendi sobre a história do futebol, mas acima de tudo aprendi sobre a vida. E um pouco de alemão. Não o suficiente para ir morar em Hamburgo, ainda que agora que terminamos o livro seja possível retomar as aulas exclusivamente do idioma. A não ser que ele decida se mudar para Buenos Aires para dançar tango, o que também poderia acontecer.

Axel Torres
Barcelona, 17 de julho de 2014

1. Aulas particulares
(Franck)

Quando o telefone tocou, eu estava atravessando a Gran Via, uma das poucas ruas que nunca cruzo se o semáforo não estiver verde. Em Barcelona as ruas geralmente são estreitas, há poucas vias largas. A Gran Via é uma delas e muitos aproveitam isso para pisar fundo no acelerador. Motos e carros aceleram e são poucos os milímetros que impedem os pedestres de serem atropelados. É uma verdadeira loucura, uma experiência desagradável, sobretudo para um alemão. Por isso, sempre caminho com extrema cautela, para o caso de surgir algum motor sem freio. Aquele dia na Gran Via, o homenzinho verde do semáforo começou a piscar, então apertei o passo para não acabar esmagado no meio da rua apenas duas semanas depois de ter aterrissado na cidade.

Uma loucura diferente, agradável, estava do outro lado da linha, em forma de jornalista de futebol. E só de futebol. Nem de handebol nem de basquete nem de rúgbi nem de tênis. "Quero aprender a ler os jornais esportivos alemães." O que aquele cara estava falando? "Você quer ir para a Alemanha?", perguntei. "Não, só quero ler os jornais alemães." Um jornalista espanhol interessado em entender o nosso futebol! Incrível.

Ainda que possa parecer estranho para os espanhóis, nós, os alemães, havíamos desenvolvido ao longo dos anos um complexo de inferioridade em relação aos clubes da Espanha, Itália, Inglaterra e até mesmo da França ou da Ucrânia. Sempre fomos conscientes de que nosso futebol era feio e que as exceções apenas confirmavam a regra. Além do mais, fora da Alemanha, ninguém assistia ao nosso campeonato, e isso nos frustrava muito, já que nós assistíamos feito loucos aos jogos de times como o Manchester United, o Real Madrid, a Inter de Milão, o Barcelona, o Arsenal, o Milan. Apenas o Bayern — tão menosprezado pelas outras torcidas alemãs — havia entrado nesse seleto grupo dos clubes admiráveis, com seu futebol tão eficiente quanto feio. Na verdade, a única coisa que os adversários temiam era essa nossa eficiência — ainda que essa qualidade, a de poder jogar de igual para igual e até ganhar, mesmo não sendo os melhores em campo, também fosse uma grande fonte de orgulho para os alemães.

De repente, percebi que me perdera em meus pensamentos e não estava respondendo ao tal jornalista, que tinha o mesmo sobrenome de um atacante que anos antes havia reafirmado o complexo dos alemães e enterrado toda a esperança de uma recuperação[2]. "Você está aí?", ele me perguntou. "Sim, sim! Não tem problema", respondi. "Acontece que ando meio por fora do futebol. Mas posso te explicar todas as expressões futebolísticas, sem problema", continuei. "Perfeito! Em que horário fica melhor pra você? Eu posso todas as manhãs."

"Que merda!", pensei. Eu estava em Barcelona e o cara queria aulas de manhã. E aquela história de que na Espanha — ou na Catalunha, que fosse — as pessoas dormiam até mais tarde e começavam a trabalhar e estudar lá pelas tantas? Se ele quisesse ter aulas às 9h ou às 10h, eu teria dito que não. Mas, no fim, a "manhã" dele era às 11h, então concordamos.

Continuei subindo a rua Lepanto e comecei a ter sensações estranhas. Logo pensei no ano anterior. Eu estava no Camp Nou e tinha visto o 7 a 1 do Barça sobre o Bayer Leverkusen. Messi havia marcado

---

2 O SOBRENOME AO QUAL FRANCK SE REFERE É TORRES, DE AXEL TORRES, COAUTOR DO LIVRO, E DO ESPANHOL FERNANDO TORRES, QUE MARCOU O ÚNICO GOL DA FINAL DA EUROCOPA DE 2008, ENTRE ESPANHA E ALEMANHA.

um gol ainda mais impossível que a bicicleta de Ibrahimović contra a Inglaterra. Se você tem um time assim no seu país, ou melhor, na cidade em que vive, o que quer saber de futebol alemão? Acho que no meu mais profundo subconsciente residia o mesmo complexo atribuído à torcida alemã.

Sentei-me em um banco ao lado da Sagrada Família. Olhei para a água e enrolei um cigarro. Não queria pensar naquilo, mas era óbvio que eu carregava um trauma — de algo que havia acontecido anos antes e que provocara meu distanciamento do futebol. E apesar do tempo decorrido, a memória era vívida, como se meu desgosto tivesse acontecido alguns segundos atrás.

Rússia, Sibéria. A 3 mil quilômetros de Moscou e a 2 mil quilômetros do lago Baikal. No meio do nada, com um amor não correspondido, e esperando até as três da madrugada — eram duas horas a mais pelo fuso horário — para que começasse a retransmissão da TV russa, eu estava sozinho em um quarto da residência estudantil e comecei a assistir à partida. A solidão me fez entrar na internet para falar com meus compatriotas sobre o que eles já tinham vivido e sobre o que eu ainda iria sofrer. Nos fóruns de discussão alemães já era quase de manhã — na verdade, era bem mais cedo, mas em todo caso tinham se passado várias horas desde o fim do jogo e a torcida já tomava café para digerir melhor os pesadelos da noite, ou então remédios contra uma ressaca que era mais psicossomática do que provocada pelas cervejas ingeridas depois da derrota.

Como se estivesse vendo ao vivo, criei um novo tópico num fórum para comentar e compartilhar com qualquer alma que estivesse disponível as minhas impressões sobre o que estava acontecendo — ou sobre o que já havia acontecido, para ser mais exato — no Camp Nou. Mas, infelizmente, a dor que acabei sentindo naquela noite foi muito mais intensa que a provocada pelos gols de Solskjær e Sheringham naquele mesmo cenário alguns anos antes. Eu não acreditava no que via. O Barcelona estava tocando a bola muito rápido, mas muito rápido! Era um jogo de gato e rato. Aos 39 minutos do meu jogo "ao vivo atrasado", e já com 3 a 0 a favor do Barcelona, um dos usuários pediu que eu parasse de escrever. A polêmica que havia sido produzida no fórum de um jornal esportivo alemão, representando a opinião da maioria dos torcedores, parecia-me ridícula. "Ah, se o Lahm tivesse jogado!", "Como o Klinsmann pode mudar o goleiro a um dia do jogo?", "Christian Lell marcando o Messi? Que cagada! Por que não o Zé Roberto?", "Que vergonha ver o Udo Lattek, sim, ele mesmo, o Udo Lattek chorando na arquibancada!", "Que esse filho da mãe volte para o país dele!"

Achei tudo aquilo ridículo. Só ouvi um comentário que fazia sentido durante toda a noite. Um jornalista perguntou a Mark van Bommel por que os jogadores do Bayern não tentaram disputar a posse de bola com o Barcelona. A resposta foi: "Quando tentávamos, a bola já estava do outro lado do campo".

O que eu pensei durante muitos anos a respeito do futebol alemão se confirmou naquele dia: nosso futebol estava muito longe do melhor jogo europeu. E já não era nem sequer efetivo. Jürgen Klinsmann — aquela figura mágica, o destruidor de conceitos engessados, o homem que enterrara os Jürgen Kohler e os Uli Stielike,[3] o grande vendedor de sonhos reformistas que representava a encarnação da esperança no futebol alemão — acabou demitido duas semanas depois. Bode expiatório, pobre coitado. Como sempre. Que nojo!

Por isso a pergunta era inevitável: "Que diabos tinha acontecido para que um famoso jornalista espanhol quisesse aprender alemão, a fim de ler a imprensa do meu país?".

---

3 EX-JOGADORES QUE SE TRANSFORMARAM EM TÉCNICOS DE CARACTERÍSTICAS DEFENSIVAS. (N. T.)

2. Eureca!
(Axel)

Acho que estávamos na calçada do Canigó. Sim, porque devia ser uma terça-feira, e o Mama's fecha às terças. O Canigó tem um bom espaço de calçada no meio da Plaça Revolució; num lugar como aquele, qualquer um pode se sentir realmente em Barcelona. O dia estava lindo, os turistas passeavam falando línguas modernas e o planeta Terra parecia um lugar maravilhoso.

Isso é o que acham os alemães. Os alemães gostam de Barcelona e do clima da cidade. Já eu — sinto muito, Franck — sou dos que gostam de Berlim em fevereiro. Gosto do frio de Berlim, da neve de Berlim, do café com leite quente em um quarto espaçoso, de teto alto, de paredes antigas e muros construídos com a intenção de combater as baixas temperaturas da Europa que faz fronteira com a Escandinávia. Eu gosto do frio de Berlim, e você do calor de Barcelona. Você dança tango, e eu ouço músicas tristes, de um pop minimalista que meus amigos chamam de depressivo.

Ainda acho que, na verdade, você gosta de Barcelona porque não teve as cores daqui na sua infância. E eu gosto de Berlim porque não tive o frio, o cinza. Minha infância teve poucos dias cinzas e teve tantos dias bonitos que éramos obrigados a sorrir. Éramos pressionados. "Sorria, sorria, aproveite, o dia está lindo e você não pode ficar triste." Eu era mais livre nos dias cinzas, porque não era obrigado a ser feliz.

Mas eu ia dizendo que estávamos no Canigó. Num dos raros momentos em que foi possível manter a atenção na nossa mesa, e não nas outras, nas conversas de amigas de 28 anos que contam seus problemas emocionais, afetivos ou sexuais (ou todos de uma vez), num daqueles raros momentos em que alguém é capaz de não se apaixonar por um rosto bonito qualquer do verão barcelonês, de passagem por ali... Naquele exato momento, Franck disse: "Tudo mudou com Klinsmann".

E o mais significativo de tudo era que Franck não falava da Alemanha. Não falava *apenas* da seleção alemã. Falava também do Bayern. Falava da Alemanha e do Bayern como processos interconectados, interligados. Falava daquela Alemanha de 2006, comemorando o terceiro lugar, percebendo que o futebol é feito de sorrisos e de festa, como se uma chama tivesse sido acesa na seleção e depois houvesse se alastrado para todas as partes, a começar pelo Bayern.

"Sempre quis escrever algo sobre esse processo de mudança do Bayern, mas não imaginava que Klinsmann havia sido a chave para o clube. Sempre achei que o herói esquecido, aquele que mudara a mentalidade do time e dos torcedores, sobretudo o jeito de jogar, tinha sido Louis van Gaal. Sempre pensei que o Bayern de Heynckes, tão brilhante e tão elogiado, havia nascido dos conceitos de Van Gaal. Na verdade, acredito firmemente que o casamento Guardiola-Bayern é a última fase de um caminho que começou com Van Gaal", contra-ataquei. "Não foi Van Gaal; foi Klinsmann", respondeu Franck, com o olhar distante. "Mas o Klinsmann não durou uma temporada sequer no Bayern! Perderam por 4 a 0 no Camp Nou. Eu amo o Klinsmann, você sabe disso, mas no Bayern ele não funcionou... Quem colocou Schweinsteiger no meio-campo foi Van Gaal! Quem deu chances a Müller e a Badstuber quando ninguém os conhecia foi Van Gaal! Quem apostou em jogar com Robben e Ribéry juntos — todo mundo atacando e, se levarmos três, faremos quatro — foi o Van Gaal!"

"Klinsmann não funcionou, mas é o símbolo da mudança", argumentou Franck. "Van Gaal chega como a segunda aposta de um processo que já havia sido tentado com o Klinsmann. E, se houve insistência nessa ideia de modernidade, foi por toda a mudança que ele provocou quando treinou a seleção em 2006." "Ou seja, o Klinsmann como técnico não funcionou, mas então procuraram outro para desenvolver as ideias dele?", perguntei. "Klinsmann fez todos entenderem que era preciso mudar", continuou Franck, "que era preciso procurar outra mentalidade. Tentaram com o próprio Klinsmann, e não funcionou... Aí foram atrás de Van Gaal... Porque ele se encaixa nessa nova mentalidade."

A manhã de Barcelona havia ganhado uma nova dimensão. Já não importavam os raios de sol, nem a gente bonita, nem a qualidade de vida de um lugar como este. Na minha cabeça só havia uma ideia: o papel de Klinsmann na transformação do Bayern. Ou, mais importante ainda: o papel de Klinsmann na transformação da mentalidade da sociedade alemã sobre o futebol!

E, ao final de todo esse processo de mudança, Pep Guardiola.

3. Amanhece em Munique, e Klinsmann sacrifica Oliver Kahn na Estação Central
(Franck)

Devia ser abril. Já eram três meses de aulas de alemão. Naquele momento eu nutria sérias dúvidas quanto à utilidade dos meus ensinamentos. O aluno Axel se deixava levar constantemente pelo desejo de aprender tudo de uma vez, e ia ficando cada vez mais difícil manter o rumo diante de tanta voracidade. Estávamos sentados em uma praça. Já havíamos abandonado aquele bar onde começamos as aulas e onde comemoramos o aniversário de Axel. Através da porta, vi passar um homem manco com uma bengala. Era o sujeito que sempre estava no bar de antes, tomando cerveja enquanto fazia seu desjejum. Um homem que parecia ficar à vontade em meio a tantos gritos e alvoroço — o mesmo barulho que eu já não conseguia ignorar. Meu alemanismo me fazia detestar aquela balbúrdia peninsular dos cafés. Surpreendi-me quando, depois de certo tempo, Axel concordou comigo. O sabadellense se alemanizou e, por fim, concluiu: "Este café é barulhento demais para aprender alemão". Axel e seu *sabadellismo* me encantavam e assombravam ao mesmo tempo.

O patriotismo local é a única forma de patriotismo aceita na Alemanha. Então, o caráter do bairro de Gràcia não me era estranho. Sempre tomávamos *cafè amb llet*[4] em alguma de suas várias praças. Esses LL me tiravam do sério: parecia o L suavizado do russo, mas

---

4 CAFÉ COM LEITE, NO IDIOMA CATALÃO. (N. T.)

Gol da Alemanha

me dava muita preguiça fazer um esforço semelhante na Espanha. Com tanto sol, como eu iria me esforçar? Com tanto sol, na real, por que admirar o Bayern de Munique?

A verdade era que eu, um alemão qualquer, era incapaz de me lembrar de uma única partida do FC Bayern que me houvesse provocado um ataque de admiração, um desses ataques de que eu tanto sofria vendo o jogo de troca de passes e as jogadas perfeitamente sincronizadas do Barcelona ou da Holanda. Eu ainda continuava com aquele dia de janeiro na minha memória, aquele dia em que esse jornalista tinha me ligado e explicado suas estranhas motivações. Porém, desde então e pouco a pouco, começara a ganhar corpo entre nós um Bayern do qual até eu passara a gostar. E muito.

Mas o caso de Axel não era normal. Ele estava ficando louco. O Bayern daquela temporada o deixava alucinado. Eu não me animava tanto assim, apesar dos evidentes progressos que percebia no time. A derrota contra o Chelsea na final de Munique no ano anterior, em 2012, tinha sido dolorosa para mim. Acho até que, depois do jogo, inventei uma espécie de discurso interior para me convencer de que tinha sido melhor mesmo perder. "Se ganhassem tão cedo, esses jogadores recém-saídos das fraldas não teriam mais vontade de vencer depois." *Per aspera ad astra.*[5] Sempre é assim na Alemanha. Mas aquele Bayern estava mesmo a caminho de fazer história? Eu ainda não me convencia disso, de jeito nenhum, mas a admiração que Axel mostrava me fez pensar de novo no meu time.

O Bayern do início do milênio tinha sido um desastre. Ganhava o campeonato alemão a cada dois anos — e quando não ganhava era um escândalo —, mas nunca superava as quartas de final na Champions League. A derrota por 2 a 0 para o Milan, em casa, nas quartas de final de 2007 — depois de um empate vergonhoso conseguido somente por causa do ímpeto do ex-lutador Daniel van

---

5 DO LATIM, SIGNIFICA LITERALMENTE: "POR ÁSPEROS [CAMINHOS] ATÉ OS ASTROS". EM TRADUÇÃO LIVRE, PODERIA SER: "CHEGAR À GLÓRIA POR CAMINHOS DIFÍCEIS". (N. T.)

Buyten, que igualou duas vezes o placar no jogo de ida e provocou um 2 a 2 nos minutos finais —, havia sido muito mais contundente do que os números mostravam. Naquele ano, senti que o nome do Bayern de Munique era apenas uma fachada. E não era só eu; toda a torcida sofria com essa depressão futebolística. O clube tinha de fazer alguma coisa se não quisesse terminar como o Ajax: um grande time em nível nacional, mas que em competições europeias não é capaz de ganhar um mísero *Blumenstrauß* (ramo de flores), como se diz em alemão. Foi esse pensamento que levou o então diretor-geral Uli Hoeneß a fazer algo completamente inesperado.

Axel jurava que a contratação de Louis van Gaal havia sido a chave da transformação do Bayern. Mas ele estava errado. Aquela foi a segunda tentativa de Hoeneß de salvar um Bayern que vivia do passado e fazer o clube começar a dar passos na direção certa, rumo a uma nova fase, pós-hoenessiana. Porque o Bayern de hoje é o Bayern de Hoeneß, disso não há dúvidas. Como e de quem o Bayern será depois, só o tempo dirá. Uma investida concreta em busca das primeiras respostas foi a contratação de Matthias Sammer, mas ainda é cedo para tirarmos conclusões. No entanto, antes de tudo isso, antes de contratar o ex-jogador do Dynamo Dresden e do Borussia Dortmund — e ganhador da Bola de Ouro de 1996 — como diretor esportivo, Uli Hoeneß cometeu um sacrilégio mais doloroso, um ultraje inconcebível para o torcedor do Bayern na época do fato: contratou Jürgen Klinsmann.

Jürgen Klinsmann jogou no Stuttgart, na Inter de Milão, no Monaco, no Tottenham, no Bayern, na Sampdoria e de novo no Tottenham; foi campeão mundial, em 1990, como jogador e terceiro colocado na Copa de 2006 como técnico da Alemanha. Um terceiro lugar surpreendente, já que ninguém esperava que a seleção sequer chegasse às oitavas. Quem, afinal, poderia prever qualquer coisa boa depois dos acontecimentos na Eurocopa de 2000, disputada na Bélgica e na Holanda, ou depois da dolorosa final da Copa de 2002 — à qual os torcedores alemães diziam que a seleção só chegou por

| Gol da Alemanha |

não ter cruzado com nenhum rival de nível —, ou ainda depois do desastre na Euro 2004, em Portugal, quando foram conquistados apenas dois míseros pontinhos na fase de grupos? Para usar poucas palavras: Jürgen Klinsmann era o primeiro herói nacional do futebol alemão desde o Kaiser Franz Beckenbauer.

Axel me observava com o olhar cheio de assombro e uma penosa incredulidade quando lhe disse que ninguém na torcida do Bayern gostava de Jürgen Klinsmann. "Por quê?", parecia perguntar. Eu me via, naqueles momentos, diante de um homem que ainda conservava o que há de mais valioso nas pessoas que transformam paixão em trabalho. "Klinsi", como passaram a chamá-lo depois da Copa do Mundo de 2006, era o profissional que havia vivido o sonho de qualquer ser humano: fazia o que gostava, viajava por todo o planeta, falava os idiomas dos países onde atuara e tinha chegado ao ponto mais alto do mundo do futebol. O que alguém poderia ter contra ele?

Nesta história, várias questões permanecem sem resposta. Eu havia sido um grande admirador de Klinsmann, sobretudo porque ele tinha mudado de modo radical a cara da seleção. Foi possivelmente o melhor cirurgião plástico da história. Porém, circulavam boatos pela internet de que o trabalho não fora de Klinsmann, mas daquele que seria seu sucessor, Joachim Löw. A tarefa de Klinsmann, diziam, consistia unicamente em motivar o time.

Essas pessoas esqueciam o trabalho — sutil, porém colossal — que significava mudar tudo. Klinsmann desafiou o sistema e o *establishment* do futebol alemão. Seu grande rival foi nada menos que esse "jornal" muitíssimo influente chamado *Bild*. O caso Klinsmann versus *Bild* tem suas raízes no jeito de ser tão *schwäbisch* (tão próprio das pessoas nascidas na Suábia) do técnico: toda palavra a mais é desnecessária. Principalmente com o *Bild*, cuja intenção é conseguir justamente o contrário: saber de tudo antes que aconteça. Supõe-se que daí tenha surgido a eterna inimizade. Em 1989, o *Bild* publicou que Klinsi era homossexual. Klinsmann desmentiu a informação, mas o fato ficou marcado para ele. Nos grupos de discussão sobre futebol, de alguma forma, sempre aparece uma menção à suposta homossexualidade. Recentemente, essa "suspeita" foi renovada pelo agente do "grande capitão" Michael Ballack. Quando o meio-campista do Chelsea e do Bayern perdeu a braçadeira na seleção alemã — mais tarde, por causa das lesões, Löw deixou até de convocá-lo —, seu representante, Michael Becker, disse que ia lavar a roupa suja daquela *Schwulencombo* (cambada de viados). Um simples rumor sobre a homossexualidade é o pior que pode acontecer para um homem do futebol aos olhos da sociedade alemã, ainda que ele tenha uma linda mulher e dois filhos, como é o caso de Klinsmann.

Além da imagem ruim que carregava perante certos setores da sociedade alemã e da lenda sobre seu papel secundário na preparação da equipe, outro motivo para que a torcida do Bayern não gostasse de Klinsmann remontava à sua passagem como atleta do clube entre os anos de 1995 e 1997, período em que brigou seguidas vezes com Lothar Matthäus. Matthäus, conhecido como *Maulwurf* (toupeira) e informante do *Bild*, publicou um livro em que revelou bastidores de vestiário. Ele possuía status mais elevado que o de Klinsmann, e fazia isso valer diante dos diretores do clube. Na primeira temporada, ganharam juntos a Copa da Uefa contra o Bordeaux dos jovens Zidane e Lizarazu. Klinsmann estabeleceu o recorde de quinze gols no torneio, feito que seria superado apenas recentemente por Falcao García. Na Bundesliga, no entanto, o time não ia tão bem, e Matthäus apostou que Klinsmann não marcaria quinze gols em todo o campeonato. Mas ele fez dezesseis. Na temporada seguinte, marcou outros quinze, ganhou o campeonato alemão e foi para a Sampdoria, de Gênova. Essas duas temporadas deram aos torcedores a impressão que ficou de Klinsmann: a imagem de um egoísta, que bateu de frente com Matthäus e deixou o clube para satisfazer seus desejos de se aventurar.

O terceiro motivo se chamava Oliver Kahn. Klinsmann, técnico da Alemanha desde 2004, optou por Jens Lehmann como titular para a Copa do Mundo de 2006. Escolheu Lehmann porque ele era muito melhor que Kahn com a bola nos pés. Pareceria ridículo hoje em dia, quando há goleiros como Adler, Neuer, Ter Stegen e outros, que poderiam jogar facilmente na linha em alguma divisão inferior, mas em 2004 os torcedores ainda vaiavam um goleiro que saísse da área com a bola dominada. A torcida do Bayern e parte dos torcedores da seleção se revoltaram com a decisão de trocar o goleiro. Dois meses antes do início da Copa, Klinsmann reuniu-se com Kahn em um hotel situado na Hauptbahnhof (a estação central de trem) de Munique para anunciar que ele seria convocado como reserva. Os jornais do dia seguinte publicaram a história e trataram-na quase como um sacrilégio, como se um astro do cinema tivesse matado sua mulher no dia da estreia de seu novo filme e diante do público. O *Bild*, aliás, parecia querer fazer algo similar com Klinsmann. Kahn foi elevado ao nível de homem de honra por aceitar a reserva e desejar sorte a seu rival Lehmann antes da disputa por pênaltis contra a Argentina.

Mas Klinsmann havia trabalhado bem. Não se sabe se preferia Lehmann desde o início, uma vez que o atleta se ajustava mais à sua ideia de jogo, mas o certo é que, pouco depois de assumir o comando da seleção, ele anunciou que os dois goleiros disputariam a posição titular durante os dois anos que antecederiam a Copa do Mundo e que a competição estava aberta. Mexer com uma "entidade" como Kahn era inédito, mas Klinsmann bancou o risco. Inesperadamente e contra todos os prognósticos, seu time só parou aos catorze minutos do segundo tempo da prorrogação na semifinal contra a Itália, com um golaço do lateral esquerdo Fabio Grosso. (Enquanto eu contava isso a Axel, minha cara ia se pintando de tristeza, antes mesmo de eu falar do segundo gol, de Del Piero, já nos acréscimos da prorrogação.) Depois disso, a Alemanha não apenas fez as pazes com Jürgen Klinsmann, como o santificou. Na manhã seguinte àquela honrosa derrota, todo o país queria que ele continuasse no cargo. Até o *Bild* elogiou. Mas Klinsmann deu por terminado seu ciclo na seleção, deixando toda a Alemanha com lágrimas nos olhos.

4. Um relâmpago sacode Dortmund
(Axel)

O verão havia passado. O Bayern tinha sido campeão da Europa com Heynckes, encerrando aquele processo que eu sempre achei que havia começado com Van Gaal e que Franck estava convencido de que tivera seu ponto de partida em Jürgen Klinsmann. Pep Guardiola já se sentava no banco da Allianz Arena e a verdade é que liderava a Bundesliga com tremenda autoridade. Naquela mesma tarde ele enfrentaria o Borussia, e eu estava em um hotel de Dortmund — numa dessas salas de convenções que a gente vê nos hotéis quando viaja como turista e se pergunta para que servem, o que se faz ali, qual a importância dos assuntos que serão discutidos, que figuras da elite da sociedade terão a entrada permitida naquele grande salão com sua mesa eterna, seu projetor para PowerPoint, litros de café na mesinha de canto para quem quer se servir à vontade, bebidas refrescantes para combater o aquecimento interno, que está no nível máximo, e umas cortinas que não cobrem completamente os vidros para que as pessoas vejam a cor do frio duro, seco e gelado de Dortmund. Eu, de repente, era uma dessas pessoas. Estava olhando para a rua. Carros passavam de um lado para o outro, cobrindo o asfalto daquele pedaço da Renânia do Norte-Vestfália, dirigindo-se a cidades industriais, mineradoras, com taxas de desemprego altíssimas para os padrões alemães. E nós, no calor de um hotel de Dortmund, escutando falar sobre a Bundesliga.

Era a segunda vez em um mês — e a segunda vez em minha vida — que eu tinha voado a Düsseldorf. E, talvez porque até a temporada anterior nunca tivesse visto o Fortuna jogando na primeira divisão, eu não tinha muita noção de onde Düsseldorf ficava no mapa. Só descobri no ano anterior que a cidade ficava na Renânia do Norte--Vestfália e que, na verdade, era a capital daquela região superpovoada e na qual existiam vários times profissionais. "Dortmund, Schalke, Leverkusen, Bochum, Colônia, Fortuna, Duisburgo, Rott-Weiß Essen, Borussia Mönchengladbach... O que tem nessa terra para que haja tantos times fortes?", eu havia perguntado a Jens Lehmann na noite anterior, justamente num restaurante em Düsseldorf. "Bem, somos 20 milhões de habitantes, acho que é normal", ele me respondeu, como se me dissesse com o olhar e os gestos que a resposta para minha pergunta era óbvia e que, por causa de perguntas como aquela, já estava esfriando o peixe preparado especialmente para ele, a fim de que pudesse seguir sua dieta de ex-jogador de futebol.

Na verdade, a sequência de viagens a Düsseldorf foi o resultado de uma série de coincidências. O meu irmão, que tinha morado em Berlim e que, talvez por influência minha, virou torcedor do Union e não do Hertha, havia conseguido uma bolsa em Hannover para trabalhar e, ao mesmo tempo, continuar os estudos em processamento de imagem. Tínhamos combinado que eu iria visitá-lo quando pudesse, e tentamos marcar em dias próximos de algum jogo do Hannover 96. Mas foi impossível. Os únicos jogos aos quais eu poderia ir já tinham os ingressos esgotados, como o dérbi histórico da Baixa Saxônia contra o Eintracht Braunschweig — o "dérbi moderno", disputado contra o Wolfsburg, é visto como um evento artificial e forçado, criado com o dinheiro da Volkswagen, a proprietária do Wolfsburg. Tínhamos que procurar alguma coisa — algum outro jogo, entenda-se — perto de Hannover, que deveria acontecer em uma segunda ou sexta-feira.

Mais ao norte tínhamos o Hamburgo, que não nos convencia. Ao sul, já deixando a Saxônia e entrando na Renânia, estava Colônia.

E numa segunda-feira havia um Colônia × Union Berlin, o líder contra o segundo colocado na segunda divisão da Bundesliga. Para completar, o Colônia tinha o zagueiro Román Golobart — filho do ex-jogador Joan, do Sabadell e do Espanyol —, que eu tinha conhecido quando ele atuava pelo Wigan, com Roberto Martínez. Então, por um desses caprichos da vida, meu irmão e eu nos encontramos perto da famosa Catedral de Colônia, a Kölner Dom, duas horas antes de partirmos para o jogo no RheinEnergieStadion. O Union perdeu por 4 a 0 e tivemos que fingir que comemorávamos os gols do Colônia, porque Román tinha conseguido os ingressos para nós, e as entradas eram para a torcida local. Mas a noite terminou bem e nos rendeu uma história divertida: pegamos carona no carro de um jovem magro, funcionário do clube, que, depois de ter participado do excelente filme *Die Welle*, decidiu abandonar a carreira de ator para trabalhar no time do coração. "We fucked them! We absolutely destroyed them!", ele repetia enfaticamente, com felicidade e euforia incontidas, enquanto dirigia até o centro de treinamentos, onde Román deixara o carro.

O Colônia, apesar de estar na segunda divisão da Bundelisga, era capaz de levar 40 mil pessoas a seu estádio, que foi uma das sedes da Copa do Mundo de 2006. Na manhã do jogo, depois de aterrissar em Düsseldorf e percorrer de trem os poucos quilômetros que separam a capital da região daquela que é sua cidade mais famosa e populosa, passei por Leverkusen e viajei mentalmente no tempo, tentando entender como se sentiam os torcedores do Colônia diante da maior repercussão futebolística recente de seus vizinhos industriais. O gol de Zidane em Glasgow; a virada contra o Espanyol de Clemente naquela já distante Copa da Uefa de 1988; a presença contínua nos últimos anos do Bayer 04 na Champions League... E isso porque Leverkusen não era nada! Leverkusen era uma sucessão de fábricas, de faculdades de farmácia, de moradia para trabalhadores e engenheiros químicos, de hospitais e laboratórios. Leverkusen tinha apenas uma parada

Gol da Alemanha

do Rhein-Express,[6] enquanto em Colônia, majestosa e catedrática, eu já havia deixado duas estações para trás quando desci na estação central, depois de ter cruzado o rio Reno e entrado na imensidão da metrópole. "É como se o Barça estivesse na segunda divisão e o Sabadell jogasse a Champions", pensei. "Ou talvez melhor, como se o Athletic Bilbao estivesse na segunda divisão e o Eibar jogasse a Champions."

Quem organizou a segunda viagem foi a própria Bundesliga. Eles convidaram jornalistas do mundo inteiro para o jogo entre Dortmund e Bayern, no Signal Iduna Park. Era a reedição da final da Champions de 2013 em um jogo da liga alemã. Antes de irmos para o estádio, e depois de visitar o centro de treinamento do Borussia com um guia especial — Lars Ricken, autor do 3 a 1 na final da Champions de 1997, contra a Juventus, com um famoso gol de cobertura logo depois de ter entrado em campo —, estávamos na sala de conferências daquele hotel, e a tarde caía pesada e espessa, numa tranquilidade que só se quebrava pelo alarido ocasional dos torcedores amontoados no restaurante da sala ao lado, gritando a cada gol sofrido pelo Schalke 04 em sua partida. Já nos tinham oferecido quatro refeições naquele dia e, somando o desânimo provocado pela digestão prolongada e a temperatura que pedia uma sesta, ficava cada vez mais difícil prestar atenção e acompanhar o discurso do palestrante, que falava naquele inglês de alemão, que pelo menos é mais fácil de entender que o inglês dos ingleses. A vida, aliás, podia falar com a gente sempre nesse inglês que falam os alemães. Tudo na vida seria, não sei, como contemplar a catedral de Colônia de dentro de um Starbucks em que o wi-fi é eternamente gratuito, enquanto a garçonete — loira, simpática e feliz (por você falar inglês e por seu inglês não ser britânico) — sorri para você repetidamente e o faz sonhar, quem sabe, em viver um dia em Colônia e também ser feliz.

Estávamos, pois, a ponto de dormir. Ou pelo menos eu estava, embora tenha utilizado o plural porque depois um colega me

---

6 TREM-BALA ALEMÃO. (N. T.)

confessou, sem que eu tocasse no assunto, que viveu a mesma situação: ele também havia se equilibrado na corda bamba que separa a feição concentrada de alguém que não está ouvindo "mas sim, sim, tudo bem" da desonra daquele que fecha os olhos, abre a boca, ronca e chama a atenção de todo o público e, pior, do senhor que nos havia convidado para a palestra. Mas resistimos. Resistimos como o Braunschweig jogando fora de casa nos dois clássicos da Baixa Saxônia na temporada de seu esperado regresso à primeira divisão. E se resistimos, certamente foi porque, em um determinado momento em que estávamos a ponto de jogar a toalha, o palestrante — uma autoridade da Bundesliga — disse o seguinte: "De fato, acho que todo o mérito é de Jürgen Klinsmann. Acho que Jürgen Klinsmann é uma figura muito subvalorizada no despertar do futebol alemão".

Foi como um relâmpago, uma tempestade, um grito, um impacto tão grande que afugentou totalmente a sonolência. Estado de alerta, cabeça alta, corpo erguido de repente, músculos tensionados, pulsações a mil. Klinsmann? Ele disse que tudo foi mérito de Klinsmann? Ele também disse que tudo foi mérito de Klinsmann?

Na tarde seguinte, quando a Alemanha já tinha voltado a ficar longe demais da minha rotina, quando o aeroporto de Düsseldorf havia se despedido de mim pela segunda vez em um mês, o jornal *Bild* falou sobre vazamentos de informações no vestiário do Bayern de Munique, e eu voltei a me lembrar de Klinsmann. Outra vez. Daquela história que Franck havia me contado do *Bild*: de que Matthäus passava informações do vestiário para eles e das fofocas que publicaram sobre a suposta homossexualidade de Klinsmann. Mas, na verdade, a lembrança de Klinsmann não estava apenas nessas calúnias. A lembrança dele tinha sobrevoado também o Signal Iduna Park na tarde anterior, um dos estádios mais impressionantes do planeta, quando pudemos desfrutar, sentados em frente à Muralha Amarela, do espetáculo único que a Bundesliga nos oferecia com orgulho: os dois melhores times da Europa, os finalistas de Wembley, Jürgen Klopp contra Pep Guardiola, o que havia de mais evoluído e sofisticado em meio às últimas tendências do futebol europeu. Em uma tarde de sábado, o globo terrestre inteiro voltava os olhares para a Alemanha. O grande duelo que se travava naquele fim de semana era o clássico moderno da Bundesliga.

"Tudo isso é mérito de Klinsmann." A frase me soava estranha quando eu a repetia mentalmente na silenciosa espera do aeroporto. O jogo havia terminado 3 a 0 para o Bayern. Pep inventou quatro mudanças táticas para ganhar a partida depois de ter sido superado pela intensidade, o ritmo acelerado, a marcação adiantada e o estilo vertiginoso de Klopp no primeiro tempo. A Europa estava convencida de que não havia time melhor que seu campeão — e acontece que tudo era mérito de Klinsmann, que não pôde nem terminar sua única temporada como técnico do Bayern.

Os voos da Lufthansa nos quais eu partia da Alemanha eram cada vez mais dolorosos. Talvez fosse preciso que me instalasse em algum apartamento em Hamburgo e tentasse realmente entender tudo. Mas Barcelona me esperava e meu pedaço da Alemanha em casa iria se limitar, de novo, às aulas com Franck. Íamos aprender a falar a língua dele, mas também nos aproximaríamos mais de um fenômeno que havia transformado o futebol alemão e que ainda me deixava com muitas dúvidas por resolver.

5. Quando uma contratação destrói um amor
(Franck)

Foi em janeiro de 2008, ou no dia 11 de janeiro, pra ser mais exato, que aconteceu a contratação tão discutida. Talvez nada tivesse sido debatido com tanto fervor desde que eu me entendia por torcedor do Bayern. Nunca. Hoje em dia vejo as coisas com outros olhos, mas naquela época eu me considerava mais torcedor de Klinsmann que do Bayern. Klinsmann era meu personagem favorito no futebol alemão. O que alguns consideravam um ato de humilhação pública em relação a Oliver Kahn, eu via como um exercício de valentia e responsabilidade. Eu nunca tinha gostado muito daquele cara tão competitivo. Para Oliver Kahn, o futebol era tudo. Ele não mostrava ter vontade de viver, era ambição pura. *Kahn, der Titan.*

Talvez eu estivesse sob influência desse pensamento tão alemão — e que eu tenho tão interiorizado — que é a negação do herói. A cultura alemã, há setenta anos, repudia os heróis. O herói na Alemanha é uma fachada vazia em cujo interior não há nada mais que dever e sofrimento para alcançar um objetivo externo. Já antes de 1945, os heróis alemães nunca se sobressaíam, pelo menos no âmbito da alta cultura. Mas a manada segue seus líderes, e no futebol o que vale é vencer. É por isso que os torcedores do Bayern em geral gostavam muito de Oliver Kahn. Talvez gostassem ainda mais porque ele havia falhado justamente no momento em que poderia ter se transformado num "herói não alemão": quando cometeu a maior falha de sua carreira.

Gol da Alemanha

Yokohama, Japão, 2002. Final da Copa do Mundo. Rivaldo, de fora da área, chuta para o gol. É um chute aparentemente simples, mas Kahn não consegue encaixar e deixa a bola viva na pequena área. Então chega Ronaldo e marca o gol que decidiria o jogo. A Alemanha e Kahn não conseguiram conquistar a vitória. Esforçar-se, sofrer, falhar e — se não morrer — continuar; isso sim é próprio de um "herói realmente alemão". *Weiter! Immer Weiter!* ("Continuar! Sempre continuar!") era o lema de Oliver Kahn. Assim é como se alcança o sucesso de verdade.

Todos os torcedores do Bayern faziam uma conta mais ou menos consciente: Kahn havia vencido a final da Champions League no San Siro, contra o Valencia, em 2001, dois anos depois da derrota mais dolorosa da história do clube — no Camp Nou, contra aqueles diabólicos ingleses de camisa vermelha —,[7] então era lógico imaginar que ele ganharia a Copa do Mundo em casa depois do desastre de Yokohama, já que o "herói alemão" deve conhecer a amargura da derrota antes de obter (moralmente) a permissão para conseguir um pouco da honra. Os torcedores do Bayern também gostavam de Kahn por outro traço de sua personalidade: a lealdade. Ele foi fiel ao Bayern durante toda a carreira. Depois do início no Karlsruher SC — o clube de sua cidade-natal em Baden-Württemberg, não muito longe de Stuttgart —, tornou-se o eterno goleiro do Bayern.

Eu, no entanto, gostava mais de Jürgen Klinsmann. Ele tinha viajado e falava vários idiomas. Era um aventureiro. Havia aceitado um desafio impossível e quase conseguira cumpri-lo: pegou uma seleção em pedaços e levou-a à prorrogação das semifinais; manteve o sonho do título na Copa jogada em casa até o último minuto.

Praticamente todos os torcedores dos clubes da Alemanha torcem na mesma medida para a seleção. Inclusive os *bazis* (um apelido dado aos torcedores do Bayern pelo departamento de marketing do clube, e que até agora não tem sido bem-aceito). Entretanto,

---

7 MANCHESTER UNITED 2 × 1 BAYERN DE MUNIQUE, NA FINAL DA CHAMPIONS LEAGUE DE 1998/1999. (N. T.)

quando Klinsmann virou técnico do Bayern, ficou evidente que a torcida estava dividida. Sempre que penso naquele momento me vem à cabeça uma lembrança de um fórum de futebol na internet de que eu participava muito na época. Nesse fórum havia torcedores de todos os times, e a cultura *trol* estava mais viva do que nunca. Falava-se de futebol, mas na verdade aquilo ia muito além. Era um espaço para xingar, esconder nossa identidade atrás de um avatar, esquecer a insignificância de nossa própria existência e atuar de uma maneira que seria inimaginável em nossa família ou nosso trabalho. Na verdade, nada muito diferente do que acontece nas arquibancadas de um estádio.

Foi lá que eu fiquei sabendo sobre Klinsmann. E a notícia me assustou. Eu era um grande torcedor da seleção. Não era um especialista nos bastidores da equipe, mas sentia que algo estranho tinha acontecido: no fórum circulava o boato de que Klinsmann não fora o verdadeiro treinador da seleção. O treinador era outro: Joachim Löw. Klinsi — como todos o chamavam — era *apenas* o motivador. O trabalho no campo de treinamento era coisa de Jogi, aquele homem quase invisível que se sentava ao lado de Klinsi no banco de reservas. O boato começou a provocar ondas de gozação nas torcidas dos rivais do Bayern. Um membro de destaque no fórum ficou maluco. Para ele, o diretor-geral do Bayern, Uli Hoeneß, era um gênio. Até aquele dia. Klinsi já havia se transformado em *Linkmichl* (fraude) ao ter colocado Kahn no banco na Copa de 2006. Mas, a partir daquele dia, quando foi anunciada a contratação de Klinsmann como técnico do Bayern, esse membro do fórum passou a usar a mesma palavra para se referir aos dois: *Linkmichl* e *Linkmichl 2*. Muito contrariado, ele começou a atacar o clube. Chegou a declarar que nunca mais torceria pelo Bayern. Ninguém acreditou de fato, porque ele carregava um longo histórico de discordâncias em relação às decisões do clube, das quais sempre reclamava sem um pingo de arrependimento.

Mas, apesar de ter virado a casaca em tantas ocasiões, dessa vez o famoso *trol* não estava sozinho. Aquele momento se trans-

Gol da Alemanha

formou, na verdade, em uma orgia de vingança. Não seria justo mencionar o nome de apenas um time, porque eram torcedores de todo tipo de equipes que desejavam mal ao clube bávaro. Na realidade não era difícil entender todo aquele ódio, porque muitos daqueles torcedores tinham visto os melhores atletas de seus clubes se despedirem com lágrimas de crocodilo antes de irem para o Bayern de Munique, onde a maioria acabava fracassando. Ninguém sabia ainda, mas aquela era também estava chegando ao fim. Só que essa é outra história.

Naquele momento, tanto os torcedores do Bayern quanto os das outras equipes estavam convencidos de que a contratação de Klinsmann era um erro. Mas por quê? Por que ele era apenas o manager, o motivador, e Löw comandava os treinamentos? Não era exatamente de um manager que os times precisavam no futebol moderno? Que treinador faz tudo sozinho hoje em dia?

Era justamente isso que a diretoria do clube queria — um técnico que fizesse algo novo. Uli Hoeneß explicou na apresentação de Jürgen Klinsmann: "Fico feliz por termos um treinador que pensa de forma diferente. Procuramos um homem disposto a percorrer caminhos inexplorados. Estamos muito orgulhosos de que Jürgen Klinsmann faça parte de nosso clube, porque ele tinha outras propostas". Anos depois, soube-se que o Bayern de Munique também havia pensado em outra opção: Jürgen Klopp, então treinador do modesto Mainz 05. Hoje em dia, a escolha é considerada genericamente um erro histórico: Klinsmann foi demitido nove meses depois, e o Borussia Dortmund de Klopp em pouco tempo acabou se transformando no grande rival dos bávaros, inclusive os superando por dois anos seguidos na Bundesliga e também no confronto pela Copa da Alemanha, em que os homens de amarelo e preto massacraram os de vermelho por 5 a 2 em uma final histórica e sem precedentes (em 2012). Mas... Quem sabe como Jürgen Klopp teria gerenciado um time repleto de estrelas, de machos alfa e de jovens com grandes aspirações? Ninguém sabe. É o eterno "e se...".

A ideia que os dirigentes tinham em mente não era apenas mudar de treinador. Eles queriam mudar tudo. O clube não vinha mostrando nada de novo em nível internacional havia várias temporadas e as lembranças da última Champions League, vencida em 2001, já estavam distantes demais. Uma revolução estava acontecendo no mundo do futebol e a Alemanha estava à margem: era o *Systemfußball*. O futebol com dois zagueiros, laterais, meias, volantes que distribuem o jogo e sem centroavante fixo. O esporte tinha deixado de ser algo improvisado, desordenado, anárquico. Eles já não conseguiam mais competir com times como Arsenal, Barça ou Milan. Haviam deixado de ser os carrascos.

Às vezes, o provérbio de Mahatma Gandhi soa tão verdadeiro que até dói reconhecer: "Primeiro eles o ignoram, depois riem de você, logo o atacam e então você vence". Um bom exemplo disso foi a entrevista de Ralf Rangnick transmitida pelo programa esportivo *Das Aktuelle Sportstudio*, em 19 de dezembro de 1998, na ZDF. Dezesseis anos mais tarde, falei dela para Axel. Rangnick era o então treinador do SSV Ulm, que estava a ponto de conseguir seu segundo acesso de divisão consecutivo: da terceira para a Bundesliga em apenas dois anos.

O apresentador, Michael Steinbrecher, está sentado diante do técnico como se ele fosse um novo Einstein (mas é o apresentador que tem um penteado parecido com o do cientista). Steinbrecher pede a Rangnick, com as mãos juntas, como se rezasse, que ele explique seu sistema inovador: sua linha defensiva com quatro atletas (*Viererkette*), sendo dois zagueiros e dois laterais, algo inovador e pouco conhecido na época para muitos torcedores na Alemanha. Ao lado do apresentador há uma prancheta magnética, que mostra as posições dos jogadores no místico sistema do Ulm. Steinbrecher se aproxima da prancheta sagrada com as mãos abertas, mas não ousa tocá-la. O que dirá o Messias? Rangnick inicia assim: "Para começar, a *Viererkette* representa apenas um meio para alcançar um fim. O que realmente queremos é uma marcação muito agressiva". O técnico do Ulm fala por cerca de três minutos, explica como funciona a marcação e o público aplaude com entusiasmo.

Gol da Alemanha

No final, o apresentador se atreve a sintetizar a explicação do técnico do Ulm. Depois disso, perguntam a Rangnick os motivos pelos quais a Alemanha não joga naquele sistema. Se ele é tão simples e tanto a seleção quanto os clubes usam sistemas antiquados, por que existem tantas dúvidas a respeito do assunto? Com uma resposta descomplicada, porém contundente para aquele momento do futebol alemão, o treinador de um time recém-chegado à segunda divisão expõe o verdadeiro problema: "Sempre se argumenta que não se pode mudar devido à pressão que existe para alcançar os objetivos no campeonato. Mas na Holanda e na Itália os treinadores trabalham sob a mesma pressão. Na verdade, o problema não é de caráter midiático: a formação dos jogadores é que é muito diferente aqui. A formação dos jogadores é feita pensando-se na marcação individual, não na tática ou no sistema de jogo".

Depois disso, então, o que era desdém transformou-se em zombaria, e Rangnick ganhou o apelido de *Fußballprofessor* ("professor de futebol"). Com o que se parecia um homem com óculos de armação sem aros e jeito de nerd dando lições de como se deveria jogar? Era ridículo! No futebol, um esporte da classe trabalhadora, não havia espaço para os sabichões.

Klinsmann tinha brigado com a opinião pública, com a Federação e com os meios de comunicação. E havia ganhado. Não restavam dúvidas. Se alguém podia mudar o rumo do Bayern, era ele. Foi isso que motivou a decisão de Uli Hoeneß, Karl-Heinz Rummenigge e Franz Beckenbauer. O último, presidente do clube naquela época, afirmou que a escolha não parecia arriscada; para o Kaiser, era uma decisão lógica e muito bem pensada. O presidente da Federação Alemã de Futebol, Theo Zwanziger, seguiu na mesma linha e disse ter certeza de que Klinsmann transformaria o Bayern.

Mas as opiniões contrárias à contratação também se fizeram ouvir. Alguns recorreram às indiretas. Lothar Matthäus, por exemplo, perguntou quem seria o treinador principal do técnico Klinsmann. As palavras de Udo Lattek, outra lenda do futebol alemão, foram na mesma direção: "O trabalho de técnico de clube é muito diferente do de seleção. Klinsmann é inteligente, mas não terá tempo livre e é cabeça-dura. Klinsmann era mais manager que treinador na seleção". Lattek — que treinou o Bayern entre 1970 e 1975 e depois entre 1983 e 1987, após ter passado pelo Barcelona — fazia referência ao fato de que Klinsmann nunca havia sido treinador de nenhum time e precisaria de um assistente que fizesse o trabalho do dia a dia, enquanto ele se dedicava a mudar o clube desde suas raízes.

Outras personalidades dispararam indiretas mais sutis. Foi o caso de Oliver Bierhoff, diretor-geral da seleção e grande dominador da linguagem da mídia: "Enriquecerá a nossa liga e, seja como for, com ele será fascinante". Uma das frases de Bierhoff também se referia à polêmica a respeito da residência de Klinsmann: "Estou feliz por ele morar na Alemanha". A maldade por trás da polêmica se manifestou também em um comentário de Felix Magath, antecessor do novo técnico no Bayern e maior representante, para os meios de comunicação, da era pré-Klinsmann: "Seria interessante que ele treinasse o time estando na Califórnia (onde morava)".

Os caminhos de Magath e Klinsi ainda iriam se cruzar. Faltavam nove meses para um jogo memorável. Felix Magath iria conseguir uma vitória histórica: o 5 a 1 imposto pelo Wolfsburg, que acabou sendo campeão da Bundesliga, antecipou o adeus de Klinsmann e a chegada de Van Gaal. A contratação do holandês, por sua vez, acabaria com a escola de treinadores do estilo Magath. Mas esse dia ainda estava longe.

Na entrevista coletiva de 11 de janeiro de 2009, Klinsi parecia ter certeza do que estava fazendo: "Sei muito bem onde me meto". Mas ele realmente sabia? "Não há muitas oportunidades de trabalhar neste nível. A parte emocional da decisão eu resolvi muito rápido", declarou. Obviamente, outros assuntos mais racionais teriam de ser discutidos, mas Uli Hoeneß gostava de disputas intelectuais. Esperava-se que a negociação acabasse bem. Os dois se conheciam fazia anos, sobretudo dos anos 1990, quando Klinsmann jogou no

Bayern. Em 2006, quando a seleção perdeu para a Itália por 4 a 1 em um amistoso (o último antes da Copa, em março), Hoeneß pediu que substituíssem Klinsmann, alegando que o time não defendia. Três meses depois, as coisas se transformaram. A semifinal da Copa do Mundo contra a Itália foi um jogo bem diferente.

Às vezes, quando conto a história da contratação de Klinsmann pelo Bayern, Axel viaja no tempo e se lembra do verão em que ficou fechado no IBC[8] de Munique, enquanto seus olhos se fixam no copo de café pela metade. Então ele pergunta: "Mas se antes da contratação eles estavam brigados, como Hoeneß teve a ideia de contratá-lo?".

"Parece que ele se convenceu porque o técnico mais criticado tinha conseguido sobreviver aos ataques. Havia superado as expectativas", respondi. Klinsmann sabia muito bem o caminho que teria de seguir, defendeu as ideias a ferro e fogo e, no fim, triunfou. É algo que ele tem em comum com Hoeneß, que também foi muito criticado durante toda a carreira e sempre superou os detratores para ir adiante. Hoeneß, além disso, sempre se comportou como um pai para seus jogadores. Era muito fiel — não vendia quem não queria ser vendido, mesmo que o atleta não acrescentasse muito ao time, como no caso do ucraniano Tymoshchuk. E se, anos depois, os jogadores viessem a ter problemas, Hoeneß voltava a ajudá-los: jogassem ou não no Bayern, estivessem aposentados ou ainda na ativa.

Axel me olhou com um olhar pensativo que, em outras pessoas, seria seguido por uma explosão, mas que em seu caso veio acompanhado de um suave "Klinsmann quis contratar novos jogadores?". Sim, querer ele quis, mas a política de Hoeneß também se caracterizava por não ter no elenco mais de dezessete jogadores potencialmente titulares e de reforçar o plantel com algumas promessas de categorias de base. O problema nesse cenário é que, se alguns de seus jogadores se machucam, a ideia de não comprar nem vender pode acabar prejudicando o treinador. Mas o clube investira quase

---

8 LUGAR EM QUE FICAM AS EQUIPES DE RÁDIO E TV EM GRANDES EVENTOS. (N. T.)

80 milhões de euros em atletas na temporada anterior e não havia outro remédio se não tocar o time com o elenco que já estava ali. O que isso significou? Que Klinsmann anunciou que iria contratar, mas no fim não pôde fazê-lo.

"O que você pensou nessa época?", perguntou Axel. "Acho que não pensei nada. Porque as minhas lembranças se misturam tanto que é quase impossível diferenciar entre o que pensei depois e o que eu pensava quando o contrataram", respondi. Uma coisa que me chamou atenção antes de a temporada de Klinsmann começar, no entanto, foram as palavras de Oliver Kahn, que disse que Klinsi nunca havia sido treinador, que não tinha experiência na liga. Kahn não se importava em fazer o comentário malicioso, porque sua carreira terminaria naquele ano — a maior figura do time estava de saída. Ou seja, Klinsmann chegou num momento muito difícil. Não restaria mais nenhum "atleta alfa". Apesar de a proposta ser a de instaurar um sistema completamente novo, o time não teria nenhum líder de verdade. Isso me preocupava. Porque, para reformar completamente uma casa, é preciso manter os pilares, ainda que você derrube algumas paredes e coloque outras. Um clube como o Bayern não pode se permitir ficar em décimo no campeonato. Tem que se classificar para a Champions League. Pode ser que Ralf Rangnick estivesse certo em sua descrição, mas o Bayern de Munique é um clube com regras diferentes de todos os outros.

"Ei!", disse Axel. "Já são duas e meia. Tenho que ir até a rádio. Amanhã você me conta mais." Fiz sinal de negativo com a cabeça. Diante da ansiedade de Axel, respondi: "Amanhã teríamos que repassar o uso do pronome possessivo". E Axel acordou de seu sonho bávaro.

6. Rangnick e a escola de Stuttgart
(Axel)

As aulas de alemão tinham se transformado em algo parecido com um mergulho na Wikipédia em que se acaba lendo sobre o Sonnenhof Großaspach.[9] A hipertextualidade, esse conceito marciano que escutei pela primeira vez em uma manhã de 2005, numa aula que me traz recordações pouco agradáveis, entre azulejos alaranjados e canos amarelos gigantes na Universidade Autônoma, manifestava-se com clareza nas tarefas de rotina, na cafeteria do bairro, nas relações sociais. Franck acabara de me mostrar o vídeo de Rangnick, e o fascínio me levou a querer saber mais, a querer saber o que havia acontecido com o técnico, a querer saber por que ele havia desaparecido de nossa vida.

Ralf Rangnick, naquele vídeo, lembrava Arsène Wenger quando chegara ao Arsenal, com aqueles óculos de armações gigantes, o cabelo bagunçado, sem qualquer elegância, magro, do tipo que a famosa linha defensiva Dixon-Adams-Bould-Winterburn, de George Graham, poderia ter derrubado com um sopro. "Ele parecia um professor de colégio", disse Tony Adams certa vez. "Nos deu a sensação de ser qualquer coisa, menos treinador de futebol", afirmou Lee Dixon.

Franck me mostrou, então, recortes de jornais alemães da época, que diziam que o SSV Ulm jogava como o Brasil de 1970. Culpei a

---

9 CLUBE ATUALMENTE NA TERCEIRA DIVISÃO DA ALEMANHA. (N. T.)

mim mesmo por não conhecer aquele fenômeno. Eu me lembrava do Ulm na Bundesliga. Lembrava-me dele e do Unterhaching. Relacionava um com o outro: dois times que começavam com a letra "u", dos quais eu nunca havia ouvido falar antes, e que passaram rapidamente pela primeira divisão alemã no final dos anos 1990, para depois acabar desaparecendo da nossa vida.

Mas Rangnick era o treinador daquele Ulm? Sério, Rangnick treinava aquele Ulm? Minha primeira lembrança de Rangnick era no Schalke, acho, e eu me lembrava muito bem, principalmente, de sua passagem pelo Hoffenheim, quando subiu o time para a primeira divisão e foi líder à frente do Bayern de Munique durante todo o primeiro turno. O mesmo Rangnick do milagroso Hoffenheim havia treinado o Ulm na Bundesliga?

"Não. Ele foi demitido antes de chegar à Bundesliga", respondeu Franck. "Como? Ele foi demitido depois de ter conseguido subir da terceira para a segunda divisão, e com o time líder da segunda?"

Franck não se lembrava muito bem da história, então tivemos de pesquisá-la. Na verdade, Ralf Rangnick deixou o Ulm em março de 1999, exatamente um mês depois de ter divulgado a informação de que assinara contrato com o Stuttgart, equipe que comandaria na Bundesliga na temporada seguinte. Ao que parece, aquela revelação causou um grande impacto e piorou muito o clima nos bastidores do clube e entre os próprios jogadores, além de afetar também o rendimento e os resultados. O Ulm acabou subindo sem Rangnick.

"Onde fica Ulm?", perguntei, como sempre faço quando falamos de algum time e eu não consigo localizá-lo no mapa. Ou quando falamos de um jogador que não sei onde nasceu. Ou quando falamos de qualquer coisa, na verdade. "Vejamos, Franck, conta pra mim onde você nasceu exatamente, porque ainda não consegui entender", pergunto a ele umas duas vezes, todo mês.

"Ulm está na Suábia", ele respondeu. "E o que é a Suábia?" O mapa parecia indicar claramente que Ulm estava em Baden-Württemberg,

Gol da Alemanha

Ralf Rangnick em seu período como técnico do Ulm.
(Foto: Bongarts/Getty Images)

perto do oeste da fronteira da Baviera. *Suábia* era um termo novo para mim, e eu estava muito convencido de que nenhum *Land*[10] alemão tinha esse nome.

Franck deu uma resposta que não entendi muito bem. A Suábia era uma região histórica, dividida entre os estados da Baviera e de Baden-Württemberg, mas também tinha a ver com a Jura de Suábia, uma montanha localizada no leste de Baden-Württemberg. Ulm, de repente, tornou-se um lugar fascinante: Albert Einstein tinha nascido lá; o rio Danúbio cruzava a cidade; e uma metade do núcleo urbano estava na Baviera e a outra, em Baden-Württemberg. E, é claro, Ralf Rangnick havia começado bem ali a revolução do futebol alemão.

"Bem que eu poderia viajar até lá e falar com as pessoas da cidade sobre aquele Ulm de Ralf Rangnick. Queria poder falar com os jogadores que Rangnick começou a treinar na Regionalliga Süd, quando começou a falar do *Systemfußball* e da *Viererkette*."

Viajar para Ulm. Nós não poderíamos fazer essa viagem, porque estávamos muito ocupados — eu com meus trabalhos na rádio, na TV, na internet e tudo isso, e Franck com as aulas de alemão —, mas eu conhecia alguém que poderia ir até a Suábia por nós e conversar sobre o mítico SSV Ulm 1846 de Ralf Rangnick.

"Quem?", perguntou Franck, com certa impaciência. E eu demorei para responder, porque alguém me disse certa vez que aumentar os períodos de silêncio quando o interlocutor espera uma resposta faz você dominar o diálogo. (Ainda que, na verdade, não houvesse nada para dominar naquele momento; eu não estava negociando, nem flertando, nem respondendo a um entrevistador, como na vez em que me perguntaram se a aura de *lonely boy* antissocial que eu supostamente irradiava era real ou se tratava de um produto de marketing. "Olha, babaca, você acha que quando eu me deprimo e choro sozinho à noite na minha casa estou fazendo isso para ganhar alguma coisa? De quem? Da vizinha da frente que se esqueceu de

---

10 NOME QUE SE DÁ AOS ESTADOS DA ALEMANHA. (N. T.)

Gol da Alemanha 45

baixar as persianas e me observa deslumbrada, incapaz de controlar seus instintos, ativados pela irresistível loucura de um sujeito que coloca Sigur Rós para tocar no volume mais alto enquanto se cobre com um edredom com a luz apagada?" — era isso que eu deveria ter respondido ao entrevistador.)

"Conheço um cara, meio alemão, meio espanhol. É de Madri, mas mora em Munique. Ele pede para ser chamado de Willy. Trabalha comigo no site. Posso pedir que ele vá a Ulm", eu disse, e ambos ficamos em silêncio. Acho que, em nossas cabeças, estávamos imaginando a cena. Willy chegando a Ulm. (Bem, Franck não podia imaginar a cara nem a altura dele, mas eu sim. Ele certamente imaginava um corpo indefinido, meio embaçado, sem traços claros... Mas um corpo, no fim das contas, que chegava a Ulm, que cruzava o Danúbio, caminhando com sua mochila entre montanhas e que, ao entrar na cidade, perguntava ao primeiro idoso que encontrasse: "Desculpe, foi aqui que Ralf Rangnick foi treinador?".)

"Ainda que, na verdade...", eu disse, rompendo o silêncio, "o mais importante fosse falar com Ralf Rangnick. O que ele faz hoje em dia?" "Está em Leipzig", respondeu Franck. "No Red Bull Leipzig?" "Sim, mas não como treinador. É diretor esportivo. Na verdade, é diretor esportivo dos times da Red Bull em Leipzig e em Salzburgo." "Mas Rangnick não havia deixado o Schalke por cansaço mental?" "Sim, mas depois ele se recuperou." "Demorou só um ano para se recuperar do cansaço mental?" "Um ano é muito tempo se você se desconecta de verdade. Veja o exemplo de Pep. Ele vinha jogando ou treinando já fazia quase trinta anos. Precisava de uma pausa, só isso."

É verdade. Ralf Rangnick surpreendeu o mundo quando se demitiu do cargo de treinador do Schalke 04, poucos meses depois de ter conquistado a Copa da Alemanha e alcançado as semifinais da Champions League (ainda que, na verdade, só tenha passado por uma eliminatória, porque chegara em março, após a saída de Magath... Mas que eliminatória! Um 7 a 3 no placar agregado contra a Inter de

Milão, que naquela época era a atual campeã europeia!). Rangnick foi o último treinador de Raúl González no futebol europeu, pouco antes da transferência do atacante para o Catar.

"E por que ele não trabalha mais como treinador? Quem é o treinador do Red Bull Leipzig?", eu quis saber. Devia ser um gênio, é claro, porque Ralf Rangnick o havia escolhido pessoalmente.

Franck já havia entendido que o programa das aulas estava sendo modificado de acordo com nossas conversas e que, no fim das contas, a Wikipédia em alemão era uma substituta perfeita para as leituras obrigatórias das escolas de idiomas.

A primeira decisão de Ralf Rangnick depois de assumir o cargo de diretor técnico do RB Leipzig foi mudar de treinador e apostar em Alexander Zorniger. "Quem é Alexander Zorniger? Quem ele tinha treinado antes?", perguntei. "Vamos pesquisar."

Antes de assinar contrato com o Leipzig, Zorniger havia treinado o Sonnenhof Großaspach. Olhei para Franck com cara de quem não estava entendendo nada. "Bem, suponho que ele quisesse um treinador que conhecesse essas divisões... Por que contratar um grande nome, por mais que o Leipzig tivesse dinheiro, para treinar na quarta divisão? Além disso, Aspach é uma cidade da região, daquela área por onde Rangnick sempre andou... É possível que fossem conhecidos... Talvez Zorniger tenha sido seu aluno..."

Obviamente, o passo seguinte foi procurar Aspach no mapa. É claro, Aspach estava ao lado de Stuttgart, e muito perto também de Backnang, o povoado em que Rangnick nasceu.

Um momento: Rangnick era de uma cidadezinha na periferia de Stuttgart, Klinsmann era de Göppingen — também no distrito administrativo de Stuttgart —, Jürgen Klopp nasceu em Stuttgart... Até mesmo Jogi Löw era de um lugar relativamente próximo, Schönau, perto de Friburgo, e havia sido jogador e técnico do Stuttgart. A revolução do futebol alemão tinha se cimentado em Baden-Württemberg! Podíamos falar da "Escola de Stuttgart" mais ou menos como se fala da "Escola de Frankfurt" dos grandes revolucionários das teorias da Comunicação?

Gol da Alemanha

Pode ser então que, mesmo sem saber, Pep Guardiola tivesse chegado ao Bayern devido a uma mudança de mentalidade no futebol alemão, provocada por esses treinadores revolucionários que surgiram, quase ao mesmo tempo, nos arredores da capital de Baden-Württemberg? Guardiola teria lugar na mentalidade alemã se essa mudança não tivesse acontecido? Teriam ido buscá-lo da mesma forma, sem essa mudança de tendência propiciada por esse grupo de revolucionários?

A entrevista coletiva de Klinsmann no Camp Nou, depois dos 4 a 0, não era uma sugestão implícita? Não teria sido uma declaração do tipo: "É nessa direção que temos de caminhar; o que queremos ser é o que nos humilhou. Vamos aprender com isso, porque é aqui que queremos chegar"?

Meio trêmulo, levantei-me da mesa e disse a Franck que a aula havia terminado.

"Temos de fazer alguma coisa, Franck. Temos de fazer algo. Isso é interessantíssimo. Temos que ir a Ulm, a Leipzig, a Stuttgart, a todas as cidades desses caras, percorrer todo o estado de Baden-Württemberg se for o caso, viajar para a Califórnia, falar com Klinsmann, sei lá... Temos que investigar esse fenômeno! Traçar um mapa de causas e consequências. Temos que estudar bem por que essas coisas aconteceram."

Franck recolheu seus papéis, e acho que foi naquele momento que mudamos o chip definitivamente e pusemos mãos à obra.

7. O verdadeiro Franz Beckenbauer
(Franck)

Apareci no bar muito cansado, com olheiras e de ressaca. Dei uma olhada rápida. Não o vi. Resmunguei um palavrão em alemão. (Que bom é poder xingar sem preocupações com olhares de reprovação!) Disfarçadamente, cheirei minha camiseta. Tudo bem, sem odor de cerveja. "Por Deus! Minha cabeça vai explodir se eu não tomar um café agora", pensei. Fui até o balcão para pedir um café com leite. No bar me conheciam como uma pessoa amável e pontual, que negava qualquer tipo de bebida alcoólica durante o dia. Mas naquela manhã eu havia chegado atrasado ao meu compromisso, com uma cara lamentável que denunciava uma noite longa; além disso, eu não tinha cumprimentado ninguém quando cheguei.

Com meus olhos caídos, enfim pude localizar em meu restrito campo visual aquela mistura um tanto hipster de MacBook, óculos vintage e barba de três dias. Cheguei mais perto. Era um homem que me parecia conhecido. Axel? Meu aluno estava concentrado na tela de seu telefone respondendo freneticamente a outros habitantes de seu planeta. Animado, mexia a cabeça. "Axel, também quer um café com leite?", perguntou a garçonete, e ele voltou à Terra. A garçonete sorria. O sorriso dela me fez lembrar o de Matthias Sammer. O atual diretor esportivo do Bayern e ex-jogador do Dynamo Dresden e do Borussia Dortmund sempre cumprimenta o diretor esportivo do time rival, sorri educadamente e lhe dá a mão. Seu colega sabe que

Gol da Alemanha

vai perder. O que ele não sabe é se sua equipe levará quatro ou seis gols. É assim com todos os times de Pep Guardiola. Semana após semana. Diga o que diga Beckenbauer.

Desconcertado pelo sorriso *sammeriano*, percebi que a garçonete achou graça porque me sentei e fiquei olhando para Axel, sem falar nada com ele. Axel limpou os óculos antes de comprovar que era eu, seu professor. "Franck quer um café com leite. Você também?", interrompeu outra vez a garçonete. Mas Axel acabou de limpar os óculos, fingiu que ela não existia e disse: "Franck, se você não estiver bem, me avise antes e cancelamos a aula". Mas um alemão sabe diferenciar o ócio do dever. *Bier ist Bier. Dienst ist Dienst.*[11] "Não vim aqui para lhe dar aula, mas para explicar o que aconteceu comigo esta noite."

"O que aconteceu? Bateram em você?" Olhei para ele e, não sem antes respirar profundamente, respondi: "Não exatamente". Axel ficou impaciente. Estava me achando muito chato. Mas muito, muito chato. Eu articulava as palavras de forma instável e emitia fragmentos incoerentes de informação. "Tá de ressaca?" "Sim! Uma ressaca gigantesca de Weissbier [cerveja de trigo]."

Apoiei minhas costas contra a parede e coloquei os pés sobre uma cadeira. Estiquei-me como se fosse minha própria cama: um braço estendido em volta da cadeira, o outro sobre a mesa; os dois apoiados com pouco esforço. Por alguma razão, pensei nas marcas de Weissbier que há em Munique, mas fui incapaz de me lembrar dos nomes. Lembrei da confusão que foi quando Beckenbauer saiu num anúncio de uma delas, concorrente da que patrocinava o Bayern. Mas qual das duas eu tinha bebido na noite anterior? Nem ideia. Só me vinha uma imagem: Beckenbauer e o perfil de seu rosto, pintado no rótulo da cerveja que tem o nome do último rei bávaro. A imagem me desconcentrou e, nas duas horas seguintes, eu só fui capaz de mexer os braços para tomar incontáveis cafés,

---

11 "A CERVEJA É A CERVEJA. O DEVER É O DEVER." (N. A.)

dois sucos de laranja e uma lata de coca-cola. Comecei a repassar a noite anterior com meu aluno, que naquele momento não era meu aluno.

"Vejamos, ontem estive na Barceloneta, no pub irlandês onde vi a final da Champions de 2012. Fui para jogar os típicos jogos de bares ingleses: esses em que lhe fazem perguntas do estilo Trivial Pursuit, mas apenas as das cartas rosa. Sentei-me com meu grupo na mesa onde sempre ficamos. Somos sempre os mesmos e ocupamos a mesma mesa. E sempre ficamos em terceiro. Tem um cara no meu grupo que toca guitarra muito bem e acerta todas as perguntas de música. Mas música não é comigo. Se falam de alguma dos anos 1990, talvez eu até saiba, embora ache que meu maior drama musical da juventude tenha sido a separação das Spice Girls. Eu costumo ajudar quando saem perguntas de outros assuntos. Enfim, geralmente tomamos umas cervejas e pronto. Os campeões ganham uma garrafa de Jägermeister, mas, como todo mundo se conhece, a gente divide."

Enquanto eu contava a história, meu olhar fixou-se no quadro que havia sobre a porta rosa do banheiro. Pensei que para Axel seria interessante saber que Jägermeister foi o primeiro patrocinador oficial que apareceu na camisa de um time alemão. Mas por que me vem agora à cabeça a imagem de Paul Breitner? Por que estou pensando em Braunschweig? Não era porque o Eintracht Braunschweig havia contratado Breitner com o dinheiro daquela aguardente asquerosa? Ah! Não me lembro! Por que tenho que pensar agora neste homem que tem uma barba igual à do preso de *A vida de Brian*?

"Por que você está me contando tudo isso?", interrompeu Axel. "Porque ontem conheci o verdadeiro Franz Beckenbauer." Axel me olhou como se eu tivesse dito que teríamos de parar as aulas porque a partir de amanhã eu seria o novo técnico do Barcelona. Meu olhar se manteve à altura de sua íris, de cor azul-esverdeada. O ar não chegava a seus pulmões. Axel pensava e, enquanto seus pulmões negociavam com o cérebro a abertura das vias respiratórias, seus olhos tentavam comprovar a veracidade das minhas palavras

Gol da Alemanha

mirando meus olhos febris. Por fim, o sistema Axel optou por um soluço, ou seja, a saída de emergência que colocaria a máquina funcionando outra vez. Da língua sabadellense saltou um "a", que foi interrompido por um golpe do diafragma, depois do qual ele soltou uma palavra: "Quem?".

"Deixe-me contar. A decepção faz você se sentir uma merda. E ontem eu precisava tão desesperadamente de um pouco de distração, que combinei os dois sentimentos e bebi essa gasolina chamada Guinness. Eu odeio aquilo. É incrível que as pessoas a venerem como a coisa mais irlandesa do mundo, mesmo com aquele gosto de esgoto. E o cheiro de mofo.

"Sentei no bar, pedi uma merda dessas e olhei para a tv, que sempre está ligada nos lugares em que os clientes não podem se entreter por conta própria. Sabe o que estava passando? A final da Champions entre o Chelsea e o Bayern. Quando percebi, tomei um primeiro gole grande e pensei em pedir outra dessas bebidas asquerosas que os 'ilhados' deram ao mundo: uísque! Quase pedi um Tullamore Dew. Mas justamente quando levantei a mão para chamar o garçom, ouvi uma coisa muito estranha: 'Se eu fosse presidente do Bayern, nunca teriam perdido a final'.

"O mais estranho não foram as palavras, mas o sotaque: um sotaque muito característico de Munique. Tão forte que eu quase poderia ter dito de que bairro de Munique ele era. Girei a cabeça e vi, sentado ali, um compatriota com a cara entre bronzeada e queimada. Eu precisava falar com alguém, então puxei assunto: 'Opa, como assim com você não teriam perdido?'. O senhor me olhou de um jeito estranho: 'Não gostei da forma como perderam, isso não se faz!'. 'Então, como se faz?', repliquei. Naquele momento, percebi que ele não parecia uma pessoa muito sociável. Por debaixo de seu boné preto de beisebol, destacava-se um bigode grande e espesso, em triste harmonia com suas bochechas afundadas. Para confirmar minha teoria, ele parecia se sentir confrontado pelo simples fato de eu ter feito duas perguntas. Fiquei mal por tê-lo incomodado e dei meia-volta.

"O Bayern tinha acabado de marcar aquele gol com Müller, que não serviria de nada, e alguém que falava inglês deu uma risada. Falei com meu compatriota usando um palavrão em alemão. 'O que importa o que diz um *tommy*?', ele balbuciou. 'É que estou de mau humor. Tive um dia de merda e, além disso, estão passando na TV essa maldita final', respondi. 'Você sempre está mal-humorado, ou é só hoje?' De repente, a presença do meu compatriota começou a me incomodar. 'Existem coisas piores no mundo', acrescentou. 'Como o quê?', perguntei. O senhor me olhou e depois deu um gole em sua Weissbier. Em seguida, voltou a olhar para mim, desta vez como se fosse um feiticeiro tentando entrar na minha alma através dos meus olhos. Por fim, suspirou e disse: 'Quando roubam sua vida, sua existência...'. Fiquei atônito. 'Você não vai conseguir entender. É evidente. Mas ainda assim, quero que saiba a verdade.' 'A verdade de quê?', retruquei. Ele olhou para a TV, que mostrava naquele exato momento a imagem de Franz Beckenbauer durante a prorrogação. A expressão do homem se fechou. 'Esse foi meu carrasco!', ele disse, com um sotaque muniquense de Giesing que me pareceu tremendamente familiar.

"O homem ficou em pé e se afastou uns dois metros sem tirar os olhos de mim. 'Quanto você acha que eu meço?' Sua cara parecia exigir um cálculo exato, mas eu olhei ao nosso redor. As pessoas não entendiam alemão e não faziam ideia de nada, mas algumas estavam olhando para nós. Certamente pensavam que íamos brigar. Uma discussão em alemão sempre parece a antessala de uma confusão. Olhando de fora, devia parecer que aquele senhor estava me mandando sair para a rua, para brigarmos lá fora. Mas, na verdade, ele me dizia: 'Eu meço um metro e oitenta e um!'. 'Boa, cara! Não está nada mal!' 'Sabe quem mede o mesmo tanto?', continuou, exigindo minha total atenção. 'Ele! Ele tem a minha altura!' Eu ri na cara dele: 'E daí?'. 'Olha o meu cabelo.' Ele tirou o boné. Tinha os cabelos brancos, curtos e muito encaracolados. 'Igual ao dele!', gritou, amargurado. Naquele momento, a raiva transformou-se em desespero. 'É um

Gol da Alemanha

impostor! Roubou a minha vida!' A coisa começava a me assustar um pouco. 'Bem, bem, deixa eu beber minha cerveja e aproveitar essa sessão de masoquismo futebolístico.' Quando virei as costas para ele, Petr Čech estava a ponto de defender o pênalti de Schweinsteiger. Eu quis olhar para o outro lado, mas o louco que eu queria perder de vista estava na mesma direção.

"Como dizemos em alemão, um dia de merda em um dia de merda é um dia de merda. Čech defende o pênalti. Inconscientemente, eu me viro para trás. A cinco centímetros dos meus olhos flutuava uma Weissbier. E ele me olhava com um semblante materno: 'Sei que falei coisas que parecem estranhas. Desculpe-me. O mundo não parece o que é, e é difícil aceitar'. Ele suspirou outra vez e me olhou com olhos de cordeiro degolado. Eu não tinha a menor vontade de escutá-lo, mas então pensei que em Barcelona é até meio normal que essas coisas aconteçam e que, quando voltasse à Alemanha, eu teria outra história para contar: a do louco que achava que era Beckenbauer. 'Não, isso muito me interessa!', respondi, em uma das frases mais falsas que pronunciei na minha vida. E me soltei: 'Vamos, conte tudo desde o começo, não esconda nenhum detalhe, por favor. Quero saber de tudo!'. Dito isso, brindamos para selar o fim da hostilidade entre nós. Os olhos do sujeito mostravam sua grande surpresa. Enfatizei meu desejo com um sorriso amável. Fechei os olhos lentamente, depois abri e olhei para ele com todo o carinho que fui capaz de transmitir enquanto tomava outro gole daquela cerveja tão bávara.

"Axel, agora vou tentar repetir, palavra por palavra, tudo o que o cara me contou.

"'Ganhava-se muito dinheiro com futebol nos anos 1970, mas eu não estava nem aí. Por outro lado, para Robert Schwan, o diretor--geral do Bayern e que naquela época era meu empresário, era quase o mais importante. Sabe aquele anúncio que fiz para uma marca de sopas de saquinho?' Eu tentei animá-lo: '*Klar, Kraft in den Teller, Knorr auf den Tisch* [Claro, a força no prato é ter Knorr na mesa]', respondi. 'As pessoas falavam: "Vejam só como Franz fala bem! É o único jogador que ganha 12 mil marcos só para se sentar diante de uma câmera e dizer quatro besteiras". Mas eu ficava envergonhado. Sabe por quê? Porque minha mãe estava na gravação e eu percebi que ela não se sentia à vontade. Seus olhos me diziam: "Está sugerindo que a mãe do grande Franz não sabe cozinhar? Quer que as pessoas pensem isso?". Aquilo me fez refletir. Então eu entendi que era o responsável pela minha família e especialmente por minha querida mãe. Naquele momento, decidi que não poderia ser um personagem público.

"'Você conhece o filme *Der Libero*? É um documentário que fizeram sobre mim durante aquela temporada. Como eu não gostava de atuar, fui para a casa de Robert Schwan e disse para ele que precisaríamos de um dublê. Schwan era um gênio, tenho que reconhecer. Ele me olhou e perguntou de onde vinha aquela ideia, e eu contei a história da minha mãe. Robert levantou-se da poltrona, deu várias voltas pela sala de sua casa e finalmente parou, seco. Então ele disse: "Franz, vamos fazer o seguinte: a partir de agora, sua mãe vai receber todas as cartas de seus fãs. Assim ela pode controlar sua imagem pública, respondendo em seu nome, do jeito que ela achar melhor. Assim você dá a ela a oportunidade de fazer algo por você. Além disso, se der errado e alguém descobrir, podemos dizer que você é um garoto muito ligado à família. Isso sempre funciona bem. No que diz respeito a seu dublê, tudo bem, vamos nessa. O único inconveniente é que você não receberá todo o dinheiro. Eu vou ficar com 20% do que você ganhar, e o cara que vai substituí-lo na TV, nas entrevistas e nos outros atos publicitários ficará com 30%. Os 50% restantes serão seus". Aceitei.

"'Antes de ser diretor-geral do Bayern, Schwan havia sido comerciante no Mercado Central e tinha muitos contatos na cidade. Ele encontrou rapidamente um rapaz que havia se criado a menos de um quilômetro da minha casa. O jovem atuava em uma companhia de teatro, mas sempre usava máscaras, então não havia perigo de

Gol da Alemanha

alguém reconhecê-lo. Devo dizer que ele tinha o mesmo sotaque que eu, e que fisicamente nos parecíamos muito. Era perfeito, e Schwan o contratou para que ele se tornasse meu sósia fora de campo.

"'Como eu era famoso e as pessoas sabiam muitas coisas sobre mim, tivemos de construir uma história convincente. Eu sempre me encontrava com ele. Era um completo desconhecido, e continuaria sendo até hoje se não acontecesse o que aconteceu. Depois de seis meses, ele fez sua primeira aparição pública em um evento com torcedores. Era incrível. Era eu. Nunca fui um tipo muito expressivo, então acho que teria sido muito mais difícil transformá-lo em um Paul Breitner ou um Uli Hoeneß. Apesar de tudo, ele fazia aquilo incrivelmente bem.

"'Pensei que enfim havia me libertado do pesadelo da publicidade. Era outro que ia em meu lugar. Festas de torcedores, celebrações da cidade e do clube, programas de TV e rádio… Ele fazia tudo. Assim nasceram as palavras mágicas de Franz Beckenbauer, as palavras que tornaram o Kaiser conhecido em todo o país. Eu estava atrás de uma cortina quando Hansi — esse era o nome real dele —, que interpretava meu papel pela terceira vez, respondeu a uma pergunta pessoal de um jornalista ("Franz, você espera ter mais de dois filhos com sua mulher?") com um "E o que isso tem a ver com futebol?". O pior é que eu nunca tinha falado sobre esse assunto nem com minha mulher, Brigitte. Mas Hansi foi muito esperto e disse: "Schau'n mer mal" ["Vamos ver"]. Era a resposta perfeita porque, se alguém me fizesse aquela mesma pergunta, eu poderia responder o que quisesse.

"'Com o tempo, Hansi se tornou mais autônomo. Eu gostava, porque ele era pago para dizer coisas que eu já havia dito mil vezes: onde nasci, como era Giesing, como havia visto a final da Copa de 1954, por que não tinha ido jogar no Munique 1860 — que era melhor que o Bayern naquela época — etc. Você sabia que o Munique 60 era mais time quando eu fui jogar no Bayern? Sem mim, o Bayern nunca teria se tornado o que é agora. E a resposta é simples: eles não me quiseram. Mas Hansi inventou a história que atualmente consideram a verdadeira. Uma vez um jornalista de Hamburgo perguntou isso a ele, que teve a ideia de dar a seguinte resposta: "Jogando com o SV 1906 Munique, sempre ganhávamos do Munique 1860. Uma vez, no fim de um jogo, um rival chegou perto de mim e me deu um par de bofetadas". E Hansi disse que ele, ou seja, eu, Franz Beckenbauer, não queria jogar com gente assim. Essa frase foi o ponto de mudança na minha vida. A partir de então, Hansi desenvolveu seu próprio estilo, e pouco a pouco as pessoas pararam de me reconhecer na rua.

"'Robert Schwan tinha planejado tudo muito bem. Em 1976, eu queria mudar de vida. Já havia jogado quase dez anos de futebol profissional. Ganhei tudo e queria me aposentar. Eu disse isso a Hansi. Era hora de acabar com a farsa. Dois dias depois, Schwan me visitou. E veio com um discurso muito estranho: "Franz, você mudou o futebol alemão. Ganhou quatro ligas e quatro copas. É campeão do mundo e da Europa, tanto no Bayern quanto na seleção. Inventou a posição de líbero. Nunca nem se machucou. Você teve toda a sorte do mundo em sua vida. É uma lenda viva do futebol alemão. Não pode parar agora, tenho um plano pra você".

"'Eu não fazia ideia de que Hansi jogava futebol muito bem. Segundo o plano de Schwan, continuaríamos com a farsa em outro país, nos Estados Unidos, mas dessa vez Hansi poderia me substituir inclusive em campo, já que estava convencido de que os americanos não notariam a diferença. O fato é que, no começo, eu não entendi direito. A ideia de ir para os Estados Unidos me atraía. Mas, se eu não me aposentasse definitivamente, acabaria sendo convocado para jogar na seleção, algo que queria evitar a todo custo. Mas Schwan também tinha pensado nisso: ele falou com o presidente da Federação Alemã de Futebol e, juntos, anunciaram que eu não voltaria a ser convocado. O argumento que utilizaram foi que Günter Netzer havia disputado a Copa de 1974 totalmente fora de forma porque jogava em outro país, no Real Madrid.'"

Gol da Alemanha

Axel estava escandalizado: "Desculpa, mas que merda de história é essa?". Não respondi. "Franck", insistiu, "esse cara enganou você. Beckenbauer jogou no Cosmos e depois no Hamburgo. Não havia outro jogador que tocava na bola como ele. Era o Kaiser, um jogador único." "Espera, que ainda falta a melhor parte!", exclamei e levantei os olhos em direção a Axel, que me olhava furioso. A garçonete chegou perto da mesa e sussurrou para ele: "Deixe o Franck continuar contando, o bar inteiro está esperando". Axel olhou ao redor. As pessoas pareciam não ouvir a história, mas ninguém falava nada. Dissimulavam enquanto tomavam um café, liam jornal ou checavam e-mails nos celulares. Muitos miravam os telefones em nossa direção. A garçonete piscou para Axel, e ele pediu para eu continuar. Tomei um gole de café. Eu só queria a minha cama.

"Eu disse mais ou menos isso a ele, Axel! Mas o cara se limitou a pedir outra Weissbier e continuou falando:

"'No Cosmos, eu passei muito bem. Era muito prático. Se eu queria jogar, jogava; se não estava com muita vontade, Hansi jogava por mim. Os americanos não notavam a diferença, embora depois de um jogo em que tivemos a cara de pau de eu jogar no primeiro tempo e Hansi no segundo, um torcedor aproximou-se de mim e me disse: "O que aconteceu com você no primeiro tempo? Parecia um velho". Obviamente, ele continuava se encarregando de toda a representação pública e inclusive me substituiu em uma visita à Casa Branca. Durante esse tempo, meu status de lenda cresceu ainda mais quando a seleção fracassou na Copa do Mundo da Argentina. "Sem Beckenbauer, não somos nada", diziam as pessoas — embora, verdade seja dita, na minha última temporada em Nova York, era Hansi quem jogava quase todas as partidas, enquanto eu ficava na piscina descansando.

"'No começo da década de 1980, Robert decidiu que era o momento de voltar para casa e jogar mais um ou dois anos no Bayern antes de me aposentar de vez. Agora o plano era que Hansi me substituísse dentro e fora de campo, ou seja, quase o tempo todo. Naquele momento, eu não percebi que as coisas estavam fugindo do controle. Mas, então, Schwan voltou atrás: disse que as pessoas de Munique me conheciam desde criança e que meu companheiro Katsche Schwarzenbeck poderia nos descobrir. Tínhamos jogado juntos tantos anos, que ele me conhecia como se fosse um irmão. Uma vez, inclusive, me disse: "Franz, nunca te reconheço na TV". Schwan suspeitava que cedo ou tarde ele ia perceber, por isso decidiu que assinaríamos com o Hamburgo.'

"Interrompi o meu novo amigo de Munique e perguntei: 'E como é que você está aqui agora e Hansi vive uma vida de rei na Alemanha? Como é possível que ele tenha sido treinador da Alemanha, tenha conseguido um vice de Copa do Mundo e outro na Eurocopa, e no fim tenha conquistado o título de campeão do mundo na Itália, em 1990? Além disso, ele treinou o Bayern em duas ocasiões e nas duas foi campeão. Uma Liga e uma Copa da Uefa!'. Axel, eu não podia acreditar, mas o cara estava tão convencido que começou a chorar no meio do bar.

"E ele continuou contando, entre lágrimas...

"'Aconteceu algo muito estranho. Foi em 30 de outubro de 1980. Nunca vou esquecer. Jamais. Um dia antes de voltarmos à Alemanha, dormimos num hotel perto do aeroporto JFK. Quando acordei, não havia luz no quarto. Primeiro eu fiquei tranquilo, porque pensei que ainda era noite e estaria um pouco cansado por toda a agitação que precedia esse retorno à Alemanha. Mas me preocupei quando não ouvi a respiração de Brigitte ao meu lado. Levantei para acender a luz, só que não havia nenhum interruptor. No fim, cheguei a uma cortina, uma cortina muito pesada. Deslizei-a para um lado, olhei pela janela... E vi uma grande planície. Eu estava em uma casa de campo! Não estava em Nova York. Era a casa onde tínhamos ido pescar anos antes. Estava em New Hampshire, a centenas de quilômetros de Nova York. Abri a porta. Nenhuma casa no horizonte. Quando quis começar a correr, notei algo junto dos meus pés: era um exemplar do *New York Times*. Na capa: "Farewell and Welcome to the German Football Star: the Kaiser!" ["Despedida e boas-vindas à estrela do futebol alemão: o Kaiser!"]. Uma foto de Hansi na escada do avião. Outra foto da recepção calorosa na chegada a Hamburgo, com milhares de pessoas. Olhei a data do jornal: 3 de novembro. Depois fui à polícia. Andei uns cinquenta quilômetros no meio do mato. Cheguei com aspecto de mendigo e sem passaporte, porque me haviam roubado. Não acreditaram em mim, é claro. O xerife me internou num manicômio, e começou meu calvário.'

"'Que forte!', respondi.

"'Eu sempre quis viver fora dos holofotes da mídia, mas quando você vê outra pessoa aproveitando a vida que seria sua... Isso sim é forte. Eu jamais teria imaginado esse final. No último momento, Schwan concluiu que seria melhor continuar apenas com Hansi. Ele era mais jovem, já era um jogador melhor do que eu e, além disso, os holofotes o encantavam. Viu que com ele ganharia mais dinheiro e tudo seria mais fácil. E Hansi foi muito esperto: tinha me estudado de forma tão aprofundada que estava perfeitamente capacitado para me substituir por completo e para sempre. É o maior farsante que já existiu, conseguiu manipular o mundo inteiro. Por isso ele ganhou a Copa do Mundo. Por isso é uma das principais figuras da indústria publicitária. Mas não é nada mais que um sem-vergonha, um trapaceiro. E o que mais me dói é o que ele fez com minha vida, que agora é a dele. Largou a Brigitte, largou as crianças, depois ficou com Diana, também a deixou e agora está com uma mulher quase trinta anos mais jovem que ele. E também me entristece escutar as sandices que ele diz em público. Como quando, depois de comer a secretária do clube, engravidá-la e ter um filho com ela, disse, muito desavergonhado, em frente às câmeras: "Deus ama todas as crianças".'

"Você nem imagina, Axel, como ele ficou quando o questionei sobre sua volta à Alemanha. Depois eu perguntei: 'E sua mãe?'. 'E o que te importa minha mãe? Quer foder com ela, como fez o maldito Hansi?' O sujeito ficou muito agressivo. Levantou-se rapidamente, quebrou o copo de cerveja e queria me atacar com os cacos de vidro.

Mas as pessoas do bar já tinham percebido as intenções dele. Deve haver um monte de loucos que contam a história de sua vida e, quando alguém começa a prestar atenção, perdem o controle. Pobre homem! Foi colocado na rua. Que susto eu levei... Na rua, ele continuava gritando que queria voltar, mas no fim um cara de dois metros de altura aproximou-se para fazê-lo pagar a conta e disse algo que deve ter sido muito convincente, porque ele não voltou a aparecer."

"Franck", disse Axel, "essa história é lamentável. Você não caiu nessa, certo?" "Olha, Axel, foi por isso que eu não dormi esta noite. Não consegui dormir, tentando encontrar os pontos fracos da história. E não encontrei. Deve ser tudo mentira, mas te juro que parece muito real."

"E que leitura você faz de tudo isso?", perguntou-me Axel, depois de um longo silêncio. "Olha, uma vez a avó de uma namorada me perguntou sobre Beckenbauer. Ela não perguntou como *eu* estava, mas sim como estava a vida do Kaiser. Ela mal me conhecia e tínhamos trocado apenas umas duas palavras cordiais, mas quando soube que eu era torcedor do Bayern, começou a falar de Beckenbauer. Para uma mulher modesta, que vive no campo, em Brandemburgo, Franz Beckenbauer é o símbolo da Baviera. É como se você fosse para a Alemanha e as pessoas perguntassem como está Lionel Messi, porque você é da Espanha. Se existe uma leitura de tudo isso, Axel, é a de que Franz é muito importante na Alemanha."

Axel ficou pensativo. Com certeza, escreveria algo em seu blogue. Bocejei e disse: "Esse tipo de louco mistura sua experiência pessoal com a dos outros. E esses outros costumam ser famosos, gente muito importante. Alguns acham que são Napoleão e outros acham que são Franz Beckenbauer...".

8. Humphrey, Klinsmann e o Bayern de Magath
(Axel)

Era véspera de Natal, e por isso eu tinha voltado a Sabadell para jantar com meus pais e meu irmão. Quase cheguei atrasado. No meio da tarde, depois de passar algumas horas escrevendo, senti-me cansado, mental e fisicamente, e deitei na cama escutando uma música relaxante. Dormi profundamente e, quando acordei, vi que meu irmão tinha me mandado uma mensagem no WhatsApp perguntando onde eu estava, se não pretendia ir jantar, se estava bem ou se tinha acontecido alguma coisa.

"Sim. Acho que vou chegar mais tarde", respondi, dando à frase um tom lacônico que talvez não fosse perceptível por WhatsApp. "Pode me falar o quanto mais tarde você vai chegar?", ele rebateu, pedindo alguma referência para, imagino, tranquilizar minha mãe, que sofre demais quando o intervalo entre terminar de cozinhar e começar a comer fica muito grande. "Às 22h45", respondi, fazendo um cálculo rápido, ainda sonolento, sem dar muitas explicações.

Saí do meu quarto e vi, através das janelas da sala, que chovia e fazia frio. O calçadão — que normalmente tem o brilho e a alegria das pessoas de Barcelona que se encontram em Gràcia para passear à noite — estava praticamente deserto. Um casal caminhava depressa, protegendo-se com um guarda-chuva da incômoda garoa que deixava poças irregulares sobre as quais se projetava a luz deprimente de uma fábrica do século passado, dessas que ninguém sabe se continua funcionando ou não. A imagem me pareceu irresistivelmente bonita e poética, se não fosse o fato de que, 25 minutos mais tarde, eu teria de descer até a rua e correr, naquele mesmo asfalto molhado, em direção à estação de trem. Entrei no banho e nem reclamei pelo fato de o chuveiro estar meio desregulado. Só me importava que a água estivesse quente, muito quente, e aproveitei o prazer confortável de sua temperatura. Mentalmente, viajei até algum apartamento de uma cidade qualquer da Alemanha.

Ouvia Beirut no caminho para a casa dos meus pais e, como sempre acontece quando a viagem é por um motivo agradável, pareceu-me que Sabadell ficava perto demais. Subi as escadas da estação e cheguei à Rambla muito cansado. O sono, *Gulag Orkestar*[12] e o aquecimento no trem me deixaram preso em outro mundo. Em um mundo menos gelado que o da Rambla escura, molhada e sem pedestres. Todos estavam jantando em suas casas, com sua gente, com sua família. Todo mundo era feliz. Subi por Sant Pere, fazendo força para caminhar e com o olhar perdido em lugar nenhum. Acho que elaborei alguma teoria contra as convenções sociais que guiam o calendário da nossa vida.

Quem conseguiu me fazer acordar de verdade foi minha prima de dez anos, que me ligou e estava eufórica. Seu tom de voz me fez lembrar das noites de 5 de janeiro[13] da minha infância, quando minha avó nos colocava para dormir, porque nossos pais chegavam em casa tarde, depois de fecharem a loja. Desta vez, minha avó estava do outro lado do telefone, junto com a minha prima. A conversa durante o jantar foi razoavelmente boa, embora eu tenha opiniões que sempre me colocam em desvantagem numérica. Mas isso é algo a que me acostumei e me sinto bem.

---

12 ÁLBUM DA BANDA NORTE-AMERICANA BEIRUT. (N. T.)

13 VÉSPERA DE DIA DE REIS. NA TRADIÇÃO ESPANHOLA, É EM 6 DE JANEIRO QUE AS CRIANÇAS GANHAM PRESENTES. (N. T.)

Gol da Alemanha

Meu irmão foi para a balada com amigos depois de jantar, e minha mãe foi para o quarto. Fiquei descansando no sofá da sala, ao lado do meu pai. Num primeiro momento, não prestei atenção na TV: estava no iPhone, consultando os dados de visitas do site, como faço tantas outras vezes ao longo do dia. Mas, depois de pouco tempo, percebi que o protagonista do filme a que meu pai estava assistindo era Humphrey Bogart. Humphrey Bogart num filme de velho oeste. Meu pai estava vendo um filme de velho oeste, e o protagonista era Humphrey Bogart. O espírito de Natal deve ser algo parecido com isso: a volta aos clássicos, as imagens doces e mistificadas da infância, com um nostálgico cheiro de inocência. Era tudo muito proustiano.

Meu pai sempre tentou nos fazer assistir ao *Casablanca*; tentou pelo menos umas vinte vezes. Todas as noites de sexta-feira, a gente se sentava no sofá, a família inteira, e a fita voltava para o ponto em que tínhamos parado na vez anterior. E víamos por alguns minutos, até que alguém dormia, e meu pai prometia tentar de novo na semana seguinte. Crescemos aprendendo que Bogart foi o maior ator da história do cinema e descobrindo que, de todos os cafés que havia em Casablanca, Ingrid Bergman teve de entrar no Rick's. Algum tempo depois, tornei-me o primeiro — não sei se o único — filho do meu pai a conseguir assistir a esse filme até o fim. E então aprendi algo mais importante: há derrotas mais dignas que a maioria das vitórias. Algumas vezes me senti como Bogart entregando o salvo-conduto ao inimigo, deixando que o mundo o visse como ganhador, mas saboreando internamente o orgulho de poder aceitar que há momentos na vida em que perder é o mais correto.

Seria Jürgen Klinsmann uma espécie de Humphrey Bogart, que descansava tranquilo em sua casa na Califórnia, sem se importar muito por todo mundo dar a Joachim Löw o mérito da transformação do futebol alemão?

"É o Humphrey Bogart?", perguntei a meu pai, embora já soubesse a resposta. "Sim, é o Humphrey", ele respondeu, sem citar o sobrenome, como faria qualquer pessoa que tivesse visto várias vezes todos os filmes de Bogart. "Que filme estamos vendo?", perguntei. "Em inglês se chama *High Sierra*; em espanhol, *El último refugio*; em catalão, *L'últim refugi*". A Wikipédia do meu iPhone me dizia que Bogart havia se tornado famoso com esse filme. "Sim, sim. Foi o primeiro filme dele como protagonista", confirmou meu pai.

Bogart acaba morrendo no fim do filme, um fato realmente lamentável, ainda que fosse coerente, já que naquela época todos os filmes queriam passar uma mensagem moralista e, embora pareça estranho, em *High Sierra* ele fazia muitas coisas ruins.

"Isto é Humphrey sendo Humphrey. Um cara durão, mas com carisma. E, no fundo, sentimental. Um cara com sentimentos por trás da máscara e da pose de mau", explicava meu pai. Ele poderia falar noites inteiras sobre Bogart.

Então lembrei o que Franck me contou que diziam na Alemanha algumas pessoas influentes no mundo do futebol — e outras nem tanto — sobre Klinsmann antes da Copa de 2006. "Enfia os jogadores na academia." "Não ouve ninguém." "É um cabeça-dura." Nunca vi em Bogart um sorriso como o de Klinsmann, mas ambos tinham o poder da sedução: executado de maneiras diferentes, mas, nos dois casos, com eficiência. Klinsmann chegou à seleção com a mesma expressão de Rick ao ver sua antiga namorada de Paris entrar em seu bar de Casablanca acompanhada pelo revolucionário amante antifascista. E, como Rick, conseguiu transformar o desprezo de quem o havia traído em uma atração irresistível.

Quando o filme terminou, reparei que o tínhamos assistido em um videocassete, daqueles de fitas VHS. "Nesse aparelho eu consigo ver os jogos que tenho guardados no meu quarto? Os de 2003 ou 2004?", perguntei. "Claro. É o nosso videocassete de sempre, funciona perfeitamente."

Na manhã seguinte, dia de Natal, levantei logo cedo. Procurei entre várias fitas, com etiquetas escritas à mão por mim, dez anos antes; eu era então um jovem de vinte anos. "ARSENAL-BAYERN. Oitavas de final da Champions 2004/2005. Ida e volta." Era o que eu procurava.

Gol da Alemanha

Que descoberta mais oportuna. Que interessante poder ver, com a perspectiva histórica, o Bayern de Magath. Aquele Bayern que ganhava e que, ainda assim, foi descartado por causa da falta de competitividade em campos europeus e de brilho em seu jogo. "Vejamos o jogo", pensei. "Vamos comprovar se aquele Bayern de Magath era realmente tão feio, se incomodava tanto, se pedia a gritos para ser substituído por algo mais moderno."

Aquele duelo tinha um atrativo vintage. O jogo de ida foi no Estádio Olímpico de Munique e a volta, em Highbury. Dois estádios que já fazem parte do passado. Era 22 de fevereiro de 2005, e Klinsmann já levava alguns meses como treinador da Alemanha. Mas a Copa do Mundo ainda estava distante, os resultados nos amistosos não eram grande coisa e o *Bild* já criticava — como não? — o fato de ele morar na Califórnia. Morava na Califórnia... e apostava em um futebol ofensivo, confiando o futuro do país a garotos jovens; não era pragmático e dava pouca importância a valores tradicionais como a experiência, o trabalho e a ordem defensiva acima de tudo. Sua proposta era contrária à de Magath. E Magath ganharia duas dobradinhas Liga-Copa no período entre a nomeação de Klinsmann e o início da Copa do Mundo de 2006. Quando o árbitro apitou o início de Alemanha × Costa Rica, jogo de abertura da Copa, a pressão sobre Klinsmann era máxima. Um treinador com ideias radicalmente opostas às dele, um técnico alemão clássico, estava em seu auge e colecionava títulos com o Bayern de Munique. O que aconteceu naquele jogo diante da seleção caribenha é digno de estudo. Nunca uma goleada tão previsível pela diferença de nível entre as duas equipes teve um impacto tão revolucionário. Jamais um resultado tão normal "para quem era de fora" mudou tanto a percepção das pessoas. A Alemanha antes do 4 a 2 contra a Costa Rica estava dominada pelo inquestionável currículo de Felix Magath.

No entanto, aquele Bayern × Arsenal a que eu iria assistir foi antes do primeiro dos dois *dobletes*. Na verdade, o time bávaro estava empatado na liderança da Bundesliga com o Schalke 04 e ainda teria de disputar

Klinsmann gesticulando durante o jogo de abertura da Copa do Mundo de 2006, entre Alemanha e Costa Rica (4 a 2).
(Foto: AFP Photo/Oliver Long/Getty Images)

Gol da Alemanha

as quartas de final da DFB Pokal — a Copa da Alemanha — contra o Freiburg. Não era ainda o time destruidor do fim da temporada, que conseguiu abrir catorze pontos para o vice-campeão. E Magath, fora da Alemanha, ainda era apenas um jogador da seleção alemã dos anos 1980, que dera ao Hamburgo de Ernst Happel sua única Copa da Europa, marcando o gol da final de 1983, em Atenas, contra a Juventus de Trapattoni. Como treinador, era pouco conhecido; seus pequenos êxitos não tinham repercutido muito. Ele havia salvado várias equipes do rebaixamento e era considerado um especialista em situações de emergência. No entanto, no Stuttgart, entre 2001 e 2004, conseguiu acabar duas temporadas seguidas entre os quatro primeiros, e sua decisão de subir para o time principal jogadores jovens como Hildebrand, Kurányi ou Hinkel fez crescer sua reputação não apenas como treinador, mas também como manager.

O Bayern do verão de 2004 tinha de fazer alguma coisa, depois de ter sido humilhado pelo Werder Bremen de Thomas Schaaf, campeão de Liga e Copa com um jogo ofensivo espetacular, que causara profunda inveja nos dirigentes bávaros. De fato, as cabeças pensantes do Bayern notaram uma decisão de Magath no Stuttgart que acabaria tendo muito peso no futuro do futebol alemão. O ainda jovem Philipp Lahm, então com menos de vinte anos, havia sido emprestado pelo Bayern ao Stuttgart em razão da falta de oportunidades no time principal, que tinha os franceses Bixente Lizarazu e Willy Sagnol nas duas laterais. Magath já havia transformado Andreas Hinkel no lateral direito titular indiscutível e, ao ver a qualidade de Lahm, escalou o jovem na esquerda, pela primeira vez em sua carreira. Depois, Lahm jogaria a Copa do Mundo de 2006 naquela posição, com Klinsmann como técnico, e no Bayern a maioria dos treinadores também o colocaria por ali — até que Louis van Gaal, muitos anos depois, decidiu reposicioná-lo na direita, e Guardiola descobriu um novo papel para ele no meio-campo.

O Stuttgart da temporada 2003/2004 impressionou até mesmo na Champions League: os dois laterais jogavam sempre no campo de ataque, e o bielorrusso Alexander Hleb se aproveitava da sólida estrutura defensiva para jogar como meia-atacante, com uma liberdade que nunca mais encontrou em time nenhum durante a carreira. Aquele Stuttgart venceu até o Manchester United. Em dois anos, Magath havia deixado de ser um técnico "bombeiro" para se transformar, aos cinquenta anos, no grande treinador emergente do futebol alemão. Naquele momento, a decisão do Bayern de Munique de apostar nele, depois de um ano decepcionante com Hitzfeld — tanto pela qualidade do jogo, como pelos resultados — não pareceu tão estranha.

E a verdade é que não achei tão ruim o que vi naquele Bayern × Arsenal. A transmissão da TV não deixou de enfocar Oliver Kahn e Jens Lehmann, então em plena disputa pela vaga de titular na Copa do Mundo de 2006. Klinsmann já havia anunciado que a briga pela posição estava aberta e existia uma enorme expectativa por aquele duelo direto entre ambos. O Bayern foi muito superior no jogo de ida, em Munique. Passou por cima do Arsenal, um time que — não nos esqueçamos — havia sido campeão inglês invicto na temporada anterior. O jogo terminou 3 a 1 porque, aos 43 minutos do segundo tempo, Kolo Touré, que fizera péssima partida defensivamente, marcou um gol que deixava a disputa aberta para o duelo da volta.

O ex-jogador Míchel, que comentava o jogo para a TVE na Espanha, disse que o Arsenal "havia sido premiado com um gol, porque o Bayern poderia ter matado a eliminatória". E era difícil discordar. Magath levou o time a campo em um 4-3-1-2 e com a intenção de praticar um jogo direto e agressivo, contra um time conhecido por sua superioridade técnica, como era o Arsenal daquela época. Demichelis jogava como volante e, se compararmos com suas atuações no Manchester City de Pellegrini, jogando na mesma posição, parecia outro jogador. Nove anos fazem muita diferença no futebol. Aquele Demichelis era dinâmico, rápido, chegava em todas, estava sempre bem colocado e distribuía a bola com critério, de acordo com

Gol da Alemanha

os conceitos de velocidade daquele Bayern. Zé Roberto e Torsten Frings eram os meias, e sua agressividade, seu ritmo e sua intensidade impediam que Ljungberg, Pirès ou Reyes tocassem na bola.

De fato, o Arsenal não foi o Arsenal, com exceção de alguns minutos do segundo tempo. Salihamidžić, polivalente, ocupava a posição de meia-atacante com a ausência de Ballack, e sua capacidade para marcar a saída de bola do rival de forma incansável impedia qualquer intenção *gunner* de criar alguma jogada aproveitável. No ataque, o plano era simples: Pizarro como referência para lançamentos e Makaay para correr nas costas dos zagueiros. Não era o Bayern de Guardiola, e inclusive teve menos posse de bola que o adversário, mas a superioridade foi incontestável, indiscutível. O jogo confirmava que Magath era um treinador no seu auge, e sua estratégia, tão simples como prática, pôde ser vista naquele momento como uma escolha inteligente para desmontar um Arsenal que já começava a sofrer na Inglaterra sempre que enfrentava um rival muito físico, como o Bolton de Allardyce ou o Chelsea do recém-chegado José Mourinho.

Ver aquele jogo me intrigou ainda mais e, depois do almoço de Natal, quando meus pais foram levar minha tia e minha prima a Arenys de Mar, decidi ver a partida da volta. Na verdade, eu procurava respostas. "Esse Bayern precisava de uma mudança?" "Esse era o Bayern que, segundo Franck, não competia bem em nível europeu?" Em Highbury, Magath fez mudanças. A volta de Ballack deixou Salihamidžić um pouco mais atrás, ao lado de Sebastian Deisler, outra novidade, no meio-campo. Zé Roberto foi para o banco e Frings era desfalque. A princípio, e mesmo podendo defender um resultado de 3 a 1, o time titular escolhido pelo ex-treinador do Stuttgart era mais técnico que o do jogo em Munique. Makaay também não estava, e seu lugar era ocupado por Paolo Guerrero, o que não mudava muito a dinâmica da dupla de atacantes (nesse caso, inteiramente peruana) formada por um 9 fixo e outro com mais mobilidade.

Outra vez, o primeiro tempo do Bayern foi excelente, e o intervalo chegou com o placar de 0 a 0 devido ao magnífico desempenho do zagueiro Philippe Senderos, que naquela época acabara de alcançar o time principal e, por causa dessa confiança estava colecionando algumas das melhores atuações de toda a sua carreira. Wenger conseguiu mudar o roteiro do jogo aos quinze minutos do segundo tempo, colocando Fàbregas e Pirès em campo; três minutos depois, Thierry Henry marcou um de seus clássicos golaços que, durante anos, iluminaram o antigo estádio de Islington. Então, o Bayern passou a sofrer mais, mas Magath reagiu depressa: colocou Zé Roberto no lugar de Deisler para recuperar ritmo e intensidade, e um terceiro zagueiro (Linke) para os minutos finais, quando o treinador rival pôs em campo o então jovem Robin van Persie, para deixar o Arsenal com três atacantes. Depois de tudo isso, o Bayern se segurou bem e foi o justo vencedor daquela eliminatória. Foi superior, em 180 minutos, ao famoso Arsenal dos invencíveis.

Fui direto para o computador. Consultei o que acontecia na fase seguinte: quartas de final contra o Chelsea de Mourinho. Mas o tempo passava e eu tinha de voltar a Barcelona. Então pedi aos Reis Magos um videocassete e prometi a mim mesmo que veria de novo esses dois jogos contra o time do treinador português. Talvez neles eu encontrasse a tal "falta de competitividade europeia" que não existiu contra o Arsenal. Talvez começasse a entender por que, dois anos depois, Magath seria demitido, apesar das duas dobradinhas consecutivas.

9. Viagem a Ulm
(Willy)

Eu me lembro de estar largado às duas da manhã na Hauptbahnhof (a estação central) de Essen, em uma dessas cafeterias que ficam abertas 24 horas. Adoro as Hauptbahnhofs. Eu sei — e já ouvi tantas vezes da boca de alemães que creio que isso seja de conhecimento geral no país — que os lugares onde ficam as Hbf (é assim que elas aparecem nas placas) são as piores áreas de todas as cidades e que as pessoas que não têm nada para fazer, para onde ir, ou que precisam de um canto para dormir costumam ir a esses lugares, de onde não podem ser expulsas; sei que o barulho e a quantidade de lixo que gera esse constante vaivém, esse frenesi diário e a presença dos indigentes as transformam em locais sujos e barulhentos que as pessoas normais querem evitar, embora sejam obrigadas a passar por ali várias vezes durante a semana. O que me fascina, no entanto, é a atividade constante: os bares, as bancas de jornal, os restaurantes abertos 24 horas, as milhares de histórias diferentes que se cruzam a cada minuto e que só podemos imaginar enquanto esperamos nosso trem. Para onde vai aquela garota? Vai descer em Zurique? Em Praga? Em Düsseldorf? Alguém a estará esperando em seu destino? Vou encontrá-la outra vez na vida? Não existe lugar melhor para deixar-se levar pela sorte do destino.

Meu trem para Ulm só sairia às nove da manhã, e a cafeteria tinha wi-fi grátis, poltronas surpreendentemente confortáveis e tomadas.

A espera chegava a ser prazerosa. Comecei a ver no YouTube os gols da rodada da Champions que acabara de terminar, e um jovem da minha idade venceu as rígidas barreiras de comunicação entre estranhos, que imperam na sociedade atual, e aproximou-se perguntando se poderia ver os gols de Schalke 04 × Real Madrid. Parecia que ele tinha ido ao estádio, mas não conseguiu ver os gols direito. Concordei, e a conversa se desenrolou: ele me disse que era um holandês fanático pelo Real Madrid, que se chamava Jessé e idolatrava Jesé Rodríguez, e que assistia aos jogos do Real Madrid Castilla pelo Rojadirecta. Havia viajado a Gelsenkirchen para ver o jogo com um amigo, torcedor do Ajax e, em troca, iria acompanhá-lo a Salzburgo, para assistir a Red Bull Salzburg × Ajax no dia seguinte.

Seu amigo estava lendo um livro em holandês sobre Johan Cruyff e permanecia alheio à conversa, até que Jessé nos apresentou. Ele me disse indignado que não conseguia entender como os torcedores do Real Madrid continuavam sentados e em silêncio enquanto ganhavam por 6 a 0, e disse que tinha estado no Santiago Bernabéu vendo seu time perder por 4 a 0, e a torcida do Ajax ainda assim fazia uma festa. Seu jeito de conversar — apaixonado mas respeitoso, íntegro, convencido e idealista — o tornou rapidamente um interlocutor melhor do que Jessé, e aproveitei para conversar com ele sobre o Ajax e tirar algumas dúvidas que sempre havia tido. Como é torcer para um time em que você sabe que qualquer jogador que se destaque minimamente será vendido e não será substituído por outro de alto nível? Quais são os sonhos de longo prazo de um torcedor do Ajax? Que tipo de motivação eles encontram para seguir em frente, ano após ano?

Ele respondeu que existia um problema estrutural, que sonhava com um Ajax que pudesse manter Suárez, Ibrahimović, Vertonghen e Sneijder (e seus olhos brilhavam quando ele recitava uma escalação imaginária com todos os jogadores formados no time), mas que, desde a Lei Bosman, aquilo era uma utopia. Afirmou que, agora, se encantava com o fato de que um garoto de sua cidade, de seu bairro, com a mesma educação e nível cultural, pudesse chegar ao time principal e ganhar campeonatos com o Ajax. Que sem dúvida ele gostaria que as estrelas ficassem, mas que não podiam frear suas ambições. Era o perfil de torcedor que eu sempre havia idealizado, profundamente consciente da realidade global de seu clube. Trocamos contatos no Facebook e, embora provavelmente eu nunca volte a vê-lo, depois daquela conversa eu pensei que, com jovens de dezenove anos como aquele, podemos ser otimistas para o futuro. Ele saiu correndo para pegar o trem rumo a Salzburgo. Seu time havia perdido por 3 a 0 na ida, em casa, e ainda assim ele iria viajar setecentos quilômetros para seguir torcendo. Voltaram a perder. Outro 3 a 0. Contra o Red Bull Salzburg, cujo diretor era um tal Ralf Rangnick.

Ulm não é o destino habitual para um espanhol de 21 anos. Na verdade, não é o destino habitual para quase ninguém. Entrei em um trem que estava quase cheio, dormi e, quando chegamos, estava praticamente sozinho; todo mundo tinha parado nas cidades do caminho. "Só estamos acostumados a receber turistas no verão, quando, aproveitando o tempo bom, há muitos casais alemães que vêm se casar na catedral (a mais alta do mundo) e passear às margens do rio Danúbio", contou-me a recepcionista de uma pensão em Neu-Ulm, a Nova Ulm, cidade ao lado, que é separada de Ulm pelo Danúbio, o qual também delimita a fronteira entre a Baviera e Baden-Württemberg. Ulm está em Baden-Württemberg, enquanto Neu-Ulm já é Baviera; as crianças do outro lado da ponte têm férias mais longas, porque as leis regionais são diferentes.

Logo eu percebi que ninguém na cidade esperava uma visita como a minha. Ulm tocava sua vida. Trata-se de uma cidade trabalhadora, de gente relativamente endinheirada graças às várias empresas que têm sede na região, mas que não vive preocupada em mostrar ao mundo como é. Em Ulm não há hostels para turistas adolescentes, não há cafeterias com wi-fi e não há muito o que fazer depois das sete da noite. Mas, como em todos os lugares do planeta, em Ulm se joga futebol no sábado à tarde.

O *Neu-Ulm Zeitung*, jornal local, dedicava sua seção de esportes ao Real Madrid e ao Schalke 04. Enquanto eu esperava o trem que me levaria ao estádio, um senhor mais velho deve ter percebido que eu era fanático por futebol e me contou que havia visto o Kaiserslautern na Copa da Alemanha (que, ao contrário da Bundesliga, passa na TV aberta), e que era um timaço. Perguntei pelo Ulm, e ele me olhou como se eu fosse um marciano: não sabia nem se o time existia. O homem mudou de assunto e começou a protestar, indignado, com a juventude atual: mostrou um parque que, pelo visto, estava cheio de lixo. Finalmente o trem chegou, e eu agradeci por isso. No caminho rumo ao Donaustadion, não vi ninguém vestido com o preto e branco do uniforme do SSV Ulm. Também não havia muita gente nos arredores do estádio, embora fosse dia de jogo. Ninguém poderia dizer que o time mais famoso da cidade jogaria naquele dia.

O SSV Ulm estava em décimo sexto na Regionalliga, a quarta divisão do país, e jogou naquela tarde, diante de setecentos torcedores, contra um rival direto para evitar o rebaixamento, o time B do Mainz. Curiosamente, o time principal do Mainz era treinado por Thomas Tuchel, ex-jogador do Ulm, considerado um dos treinadores mais promissores do país. Mas, em Ulm, parece que ninguém dá a mínima para isso.

Os maus resultados, o boom do Ratiopharm Ulm — time de basquete que lota o ginásio em todos os jogos em casa, disputa competições europeias e tornou o basquete o primeiro esporte da cidade (nas bilheterias do Donaustadion há um grafite em que se lê "Fuck Basketball") — e o êxito dos times da região que antes eram menores, como o Augsburg, o Stuttgart ou o Aalen, roubaram o protagonismo do SSV Ulm. Não é preciso olhar a classificação para ver o quanto a situação é dramática: basta entrar no estádio e ver os torcedores mais velhos respirarem fundo a cada gol perdido, a cada vez que um jogador perde uma bola, ou em cada chegada do Mainz à meta do veterano goleiro. "A situação de momento é comparável à que havia antes da chegada de Ralf Rangnick", contou-me Gerold

Knehr, um veteranto e cativante repórter da *Südwest Presse*, que há mais de vinte anos escreve as crônicas dos jogos do time. O Ulm perdeu por 1 a 0. A instituição que já teve Uli Hoeneß, Mario Gómez, Ralf Rangnick, Thomas Tuchel, Markus Gisdol e Hermann Gerland vivia uma situação crítica. Sua sobrevivência estava em jogo.

O treinador do time era Oliver Unsöld, ex-jogador do clube (começou jogando lá aos cinco anos) e nascido na cidade. Talvez seja uma avaliação injusta, mas apenas de olhar já se podia intuir que tipo de jogador era Unsöld, algo que o próprio Gerold reconheceu, disfarçadamente: o treinador não havia sido o atleta mais talentoso do mundo. Acima do peso, pouco ágil e muito baixinho, especialmente se considerar que era zagueiro, seria o tipo de pessoa que, se sentasse a seu lado no metrô e lhe pedisse para adivinhar o que faz da vida, talvez você relacionasse a mais de setenta profissões antes de arriscar que se tratava de um ex-jogador de futebol. Mas, não: Unsöld jogou mais de trinta jogos na Bundesliga, ganhou um verbete na Wikipédia e fez parte de uma geração de jovens — a maioria nascidos em Ulm — que, pelas mãos de Ralf Rangnick, conseguiu o feito de subir duas vezes seguidas e chegar à Bundesliga com um estilo de jogo que causou admiração em todo o país. "A ilha do futebol moderno", como escreveu a agência ZDF.

"Eu me lembro que nas manhãs de segunda-feira os ingressos eram colocados à venda, e na noite de domingo já havia filas e gente acampada em frente às bilheterias. E isso porque o Donaustadion não era como agora, que tem capacidade para 4 mil pessoas. Naquela época a capacidade era de mais de 30 mil pessoas, havia arquibancadas móveis, cada canto tinha uma área VIP e pessoas de toda a região vinham ver o SSV Ulm jogar. Era uma loucura, um acontecimento", lembrou Gerold, com uma ponta de nostalgia. "A maioria de nós não se dedicava apenas ao futebol, cada um tinha uma profissão, quase todos éramos estudantes. Eu era reserva na quarta divisão e, em dois anos, virei profissional", disse Oliver Unsöld, que fez uma cara de extrema surpresa ao descobrir por que eu tinha viajado até Ulm.

Ralf Rangnick era o homem por trás de tudo aquilo, por trás da façanha que levou um grupo de garotos de Ulm a jogar a Bundesliga e a ser admirado por seu estilo de jogo inovador. Ralf era um personagem fascinantemente enigmático. Não é tão fácil adivinhar que ele é um herói na cidade. Deixou o clube há quase quinze anos, e aquele tempo já parece distante, abstrato, ainda mais quando se vê a transformação pela qual o clube passou desde então. O campo não se chama Ralf Rangnick Stadion e não existe um museu que explique sua façanha. Ninguém se encarrega de difundir seu legado. A impressão que fica é que aquela época foi internalizada pela cidade, um período de tempo curto, mas intenso, do qual as pessoas lembram com carinho, mas que passou e ficou para trás. Eu queria saber mais coisas sobre esse nome que havia ouvido centenas de vezes nos últimos dias. Que tipo de pessoa era Ralf Rangnick? E principalmente: o que aquele time tinha de especial?

"Ralf significou uma mudança em tudo o que eu tinha vivido até aquele momento. Não apenas no plano tático, em que obviamente era um gênio, um monstro, mas em todo o resto. Ralf era minucioso. Minucioso em tudo. Acho que isso — sua obsessão pelos detalhes — explica seu impacto no futebol moderno. Desde a alimentação até a ordem dos uniformes, passando pela análise dos rivais e até questões de imagem. Tínhamos de contar tudo a ele, chegar pontualmente, estar atentos a tudo o que comíamos. Sua obsessão era de que fôssemos um exemplo para as crianças. Sua ideia global do que teria de ser um treinador mudou o futebol." São palavras de Oliver Unsöld, técnico do SSV Ulm, que me contou fascinado sobre aquele que foi sem dúvida "o técnico mais inspirador da minha carreira, de muito longe", com quem ele ainda fala por sms de vez em quando.

"No começo, as coisas não foram bem. Ralf chegou na metade da temporada, estávamos em segundo ou terceiro, não me lembro bem. Ninguém entendia o que ele queria. Era complexo demais. No fim, terminamos a temporada em quinto e eu quase não joguei. Mas naquele verão, durante a pré-temporada, entendemos muito bem a ideia dele. Interiorizamos alguns conceitos que, naquele momento, eram quase que pioneiros na Alemanha: linha de quatro, cobrir os espaços, laterais defendendo mais adiantados, trocas de posição, seguir a bola e não o jogador, pressionar depois de perder a bola... A partir disso, arrancamos. Sabíamos perfeitamente como jogar e quais eram os pontos fracos dos rivais, porque Ralf tinha estudado tudo. Sabíamos até o jeito que os adversários corriam. Por exemplo, sempre sabíamos qual era o lateral mais fraco tecnicamente, que podíamos deixar avançar um pouco mais para pressionar depois. Quase todos os times jogavam com líbero, e nosso estilo os desorientava completamente", continuou Oliver Unsöld. Ninguém conseguiu parar aquele time depois disso. Veio o acesso para a Bundesliga 2 e, mesmo sendo um dos principais candidatos ao rebaixamento no ano seguinte, a equipe seguiu brilhando e subiu para a primeira divisão. Seu futebol vertiginoso causou admiração já na segunda divisão e fez várias equipes começarem a imitá-la — muita gente concorda que aquele SSV Ulm de Ralf Rangnick lembra muito o Borussia Dortmund de Jürgen Klopp. Ralf abandonou a equipe depois para ir treinar o Stuttgart, time de sua cidade. O SSV Ulm cairia no ano seguinte e voltaria à terceira divisão pouco depois, mas o legado de Ralf já era uma realidade em todo o futebol alemão. Mas... de onde Rangnick havia tirado todos aqueles conceitos?

Todo mundo tem um mentor. Em 1984, Ralf tinha vinte anos e era treinador-jogador no Viktoria Bangnack, um clube regional situado próximo ao aeroporto de Stuttgart. Seu time jogou um amistoso contra o Dynamo Kiev, de Lobanovsky, que fazia uma turnê de inverno pela região. "Ralf ficou fascinado pela forma como o rival sempre estava em superioridade numérica. Não conseguia entender. Jogaram realmente onze contra onze? Aquele jogo mudou completamente sua concepção de futebol. A partir daquele dia, ele foi todas as tardes ver os treinos do Dynamo Kiev. Conceitos como a *Viererkette*, a linha de quatro na defesa, ou a *Raumdeckung* — a marcação por zona — instalaram-se na mente de Ralf desde então. Lobanovsky tornou-se um treinador que ele estudaria profundamente e, ao lado de Sacchi, seria sua principal influência. Ralf estudou ciências do esporte, mas havia passado a vida observando e analisando outros times", contou-me Gerold Knehr, o jornalista que conhecia de cor a carreira de Rangnick.

Voltei de Ulm com um único pensamento na cabeça: a revolução do futebol alemão teria começado por acaso, em razão de uma excursão de inverno do Dynamo Kiev?

10. Quando Vogts tirou Häßler e colocou Kirsten
(Axel)

Às vezes, as coisas mais simples provocam atrasos inimagináveis. Eu não deveria me surpreender mais com isso. Voei com a Czech Airlines pela primeira e única vez em 2007 e, seis anos depois, continuava recebendo seus e-mails anunciando grandes descontos para voltar a Praga. Tudo porque não queria perder trinta segundos procurando o botão para remover o meu nome da lista. Seguindo a mesma lógica, já chegava o final de fevereiro e meu videocassete continuava em Sabadell, na casa dos meus pais, porque sempre me parecia que haveria um momento melhor para carregá-lo até a estação de trem e, depois, da estação até meu apartamento em Gràcia. "Vamos levá-lo um dia que formos tomar café em Barcelona", resolveu minha mãe, e assim a história continuava, privando-me de assistir ao Chelsea × Bayern que, segundo Franck, começaria a me mostrar que a estratégia de Magath era válida para ganhar a dobradinha Campeonato-Copa na Alemanha, mas não para competir com os melhores da Europa.

Em meio a tudo isso, precisamente no fim de fevereiro, Felix Magath havia voltado à nossa vida, contratado pelo Fulham. Magath aceitava o desafio de tentar salvar o simpático clube londrino, vizinho do Chelsea, clube que jamais havia vencido em nove temporadas como treinador do Bayern. Magath, logicamente, era muito mais conhecido na Inglaterra do que treinadores como Pepe Mel, Mauricio Pochettino ou René Meulensteen, que tinham assumido times da

Premier League poucos meses antes e que chegaram sob a marca do ceticismo. Ele havia sido o autor do gol do título do Hamburgo na final da Copa dos Campeões de 1983, contra a Juventus, em Atenas — um gol que fez do Hamburgo a segunda equipe alemã, depois do Bayern, a conquistar esse troféu, glória alcançada até hoje por apenas mais um clube germânico, o Borussia Dortmund de Ottmar Hitzfeld, em 1997. Além de ter vencido o time de Turim naquela final, que foi muito assistida em toda a Europa, aquele Hamburgo soava bastante familiar para os torcedores ingleses, já que Kevin Keegan defendera o clube entre 1977 e 1980 (e com ele e Magath em campo, o time perdeu a final da Copa dos Campeões de 1980, no Santiago Bernabéu, diante do Nottingham Forest de Brian Clough).

Na chegada a Londres, Magath foi perguntado sobre os problemas que tivera nos últimos clubes em que havia trabalhado: o Schalke e o Wolfsburg. Então, talvez se sentindo acuado por essa corrente que se autoproclamava "moderna", reafirmou a eficiência de seu estilo tradicional e reforçou seu currículo: havia ganhado duas dobradinhas com o Bayern de Munique e uma terceira Liga, já no Wolfsburg. Não foi o que ele verbalizou, mas em suas palavras se podia perceber uma espécie de desafio, como se estivesse dizendo: "Ainda falta muito para Guardiola igualar meu histórico de títulos no futebol alemão". Com o Bayern impressionando meia Europa, e os jornais todos escrevendo que o time de Pep estava melhor que o de Heynckes e já se aproximava de seu Barcelona, Felix Magath levantou a cabeça naquela pequena sala de imprensa de um carismático estádio de outro século, às margens do Tâmisa, e lembrou ao mundo que continuava existindo e que sua obra seguia presente nos arquivos da história, para ser observada e contemplada.

Durantes aqueles meses, eu vinha comentando jogos históricos de Copas do Mundo na Gol Televisión. Sempre que fazia um jogo da Alemanha — e fiz muitos, obviamente, porque a Alemanha chegou às fases finais de quase todas as Copas —, eu tentava observar detalhes que correspondessem às conversas que eu mantinha com Franck

Gol da Alemanha

sobre a evolução do futebol de seu país. Rever aqueles clássicos me ofereceu alguns elementos para entender por que, depois da decepção na Eurocopa de 2000, disputada na Holanda e na Bélgica, a Federação e a Bundesliga tomaram a decisão conjunta de estabelecer uma nova política de formação de atletas, que passou a funcionar como pré-requisito para que os clubes disputassem competições profissionais. Foi exatamente naquela época que todos os integrantes da Liga de Clubes da Alemanha foram obrigados por lei a adotar um padrão nas escolinhas de formação: campos de treinamento com toda a infraestrutura necessária para o desenvolvimento das categorias de base, número mínimo de treinadores com o grau mais elevado de capacitação e um acompanhamento minucioso da educação dos jogadores fora do futebol, em todas as equipes inferiores.

Em 2000, após ter ficado em último num grupo da Eurocopa que tinha Portugal, Romênia e Inglaterra, a Alemanha decidiu mudar tudo. E fez isso depois de o Bayern ter sido finalista da Champions League em 1999, de o Borussia Dortmund ter vencido o mesmo torneio em 1997 e de a própria seleção ter ganhado a Euro de 1996. Por que essa decisão tão contundente? Por que, com resultados tão respeitáveis, se chegou à conclusão de que aquele caminho estava ultrapassado?

Há um momento no jogo entre Alemanha e Croácia, na Copa do Mundo da França, em 1998, que me parece resumir bem o estilo que alguns chamam de primário, pouco sofisticado, facilmente anulável e muito sujeito a elementos como sorte ou azar. O técnico era Berti Vogts, que substituíra Franz Beckenbauer depois de o Kaiser ter sido campeão do mundo em 1990 — igualando o feito de Zagallo, até então o único a haver vencido a Copa como jogador (1958, 1962) e técnico (1970). Beckenbauer, que depois de brilhar como meio-campista na Alemanha vice-campeã de 1966 e semifinalista de 1970, acabou conquistando o título de 1974 atuando como líbero, foi substituído por um dos companheiros de sua geração — um companheiro, evidentemente, menos vistoso como jogador.

O saldo de Berti Vogts como técnico da seleção foi discreto, se é que se pode chamar de discreto alguém que venceu uma Eurocopa. Com ele no banco, a Alemanha perdeu a final da Euro 1992 para a Dinamarca, caiu nas quartas de final da Copa de 1994 contra a Bulgária, ganhou a Euro 1996 com o famoso gol de ouro na prorrogação — e a não menos famosa falha do goleiro tcheco Petr Kouba — e foi eliminada pela Croácia na Copa do Mundo de 1998, em Lyon. Um título e um vice de Eurocopa, duas eliminações em quartas de final de Copa. Mas, além disso, há uma leitura muito mais cruel: em três das quatro competições, a Alemanha caiu diante de adversários que, antes de começar o torneio, pareciam ter muito menos chances de chegar longe. E, na única vez em que ganhou, quase aconteceu a mesma coisa, já que a República Tcheca saiu na frente na final de Wembley e só levou o empate faltando menos de vinte minutos. De fato, como Franck sempre me contava, aquela vitória de 1996, na Inglaterra, sempre era vista na Alemanha como "a exceção em um período muito obscuro, e uma exceção que teve muito a ver com a sorte".

É provável que a imagem que eu tinha daquela seleção alemã estivesse completamente influenciada por esse time de Berti Vogts. Pensando bem, o primeiro grande campeonato que vi foi a Copa da Itália, em 1990, aos sete anos. Quando alguém vê algo pela primeira vez, faltam-lhe a perspectiva e o conhecimento prévio para poder julgar se o que está vendo é bonito, efetivo, lógico, se está bem-feito e se é agradável. Na verdade, entre 1992 e 1998, entre meus nove e meus quinze anos, a Alemanha sempre foi a Alemanha de Vogts: um time que eu queria que perdesse sempre. Que me dava antipatia. Que era barulhento, bárbaro, excessivamente viril. Algo que me incomodava em minha inocência adolescente e que certamente me incomodaria também na minha suposta maturidade adulta. Era a Alemanha dos bigodes e palavrões.

Naquele Alemanha × Croácia de 1998, Vogts poderia ter uma ótima desculpa para a surpreendente eliminação. O cartão vermelho

Gol da Alemanha

para Christian Wörns por uma entrada em Davor Šuker, aos quarenta minutos, mudou o jogo. Foi uma expulsão discutível, tendo em conta que Wörns mata o contra-ataque croata ainda no meio do campo e bem perto da lateral. Sentindo o golpe, a campeã da Europa levou o 1 a 0 de Robert Jarni antes do intervalo. A situação seria complicada para qualquer treinador do mundo, inclusive Klinsmann, Van Gaal ou Pep Guardiola.

No entanto, ocorre uma substituição aos 24 minutos do segundo tempo que pode ser vista como um marco, o último suspiro da Alemanha antes de sua revolução futebolística. O jogo em Lyon continuava 1 a 0, e o único meio-campista talentoso que Vogts tinha em campo, Thomas Häßler, estava sendo completamente anulado pelo volante croata Zvonimir Soldo, que o perseguia por toda parte e impedia que ele recebesse a bola com tempo para pensar. Àquela altura do jogo, os companheiros nem passavam mais a bola para Häßler, campeão mundial em 1990, que jogou na Juventus e na Roma depois da boa Copa que fez na Itália.

O que teriam feito Klinsmann, Van Gaal ou Guardiola? Como teriam reagido à marcação individual que Miroslav Blažević havia destinado ao meia de criação rival? Certamente teriam colocado a seu lado outro jogador de características parecidas, para que a Croácia tivesse de se preocupar com dois meios-campistas capazes de dar o último passe, em vez de apenas um... E esse jogador estava no banco: era Andreas Möller, campeão da Champions com o Borussia Dortmund um ano antes. Möller havia dito que se sentia "vítima" de uma campanha a favor de Häßler — algo que, na verdade, nos mostra que naquela Alemanha achavam que só se poderia jogar com um camisa 10, e que os dois meias da seleção eram vistos como competidores diretos, como rivais, e não como possíveis parceiros — e, apesar disso, foi elogiado por Vogts na fase anterior contra o México, quando entrou em campo com o placar desfavorável (também 1 a 0 contra) e ajudou a virar o jogo (2 a 1). Mas desta vez, contra a Croácia, Möller não teve a chance de entrar: ficou no banco durante os noventa minutos.

Deviam ser 22h24, do dia 4 de julho de 1998, quando Berti Vogts tirou Thomas Häßler para colocar Ulf Kirsten — que seria um personagem interessante em qualquer livro sobre o futebol alemão, já que, entre outras coisas, fez cem partidas por seleções (49 pela Alemanha Oriental e 51 com a Alemanha unificada). Mas esse dado, que sem dúvida apaixonaria Simon Kuper se ele ainda estivesse escrevendo *Fútbol contra el enemigo*, é um detalhe menor ao lado do que realmente significou a substituição em termos puramente futebolísticos. Kirsten era um finalizador, um artilheiro, um homem de área. Vogts, ao colocá-lo em campo, parecia estar aceitando que "tocando a bola não ia dar" e que, jogando com dez, a única solução que restava à Alemanha era dar chutões na direção de três centroavantes: Klinsmann, Bierhoff e Kirsten. Se Soldo havia anulado Häßler, a Alemanha transformaria o croata numa peça inútil e sem qualquer objetivo na partida, passando a bola por cima dele até o fim dos noventa minutos.

Na verdade, a estratégia de Vogts não funcionou por pouco e, notando que o time criava chances com aquele jeito mais direto de jogar, ele insistiu na tática. Faltando onze minutos para o fim, tirou Dietmar Hamann, que estava na lateral direita desde a expulsão de Wörns, e colocou um quarto centroavante: Olaf Marschall, um especialista em cabeceios, campeão nacional meses antes com o mítico Kaiserslautern de Otto Rehhagel, que ganhou o título na primeira tentativa depois de ter subido da segunda divisão no ano anterior. Vogts tinha reunido em seu ataque os dois artilheiros da Bundesliga: Kirsten, 22 gols pelo Bayer Leverkusen, e Marschall, 21 com o Kaiserslautern. Junto deles, Bierhoff e Klinsmann, formando um quarteto de atacantes que era o melhor representante da tática "acumular jogadores que fazem gols dentro da área, para que eles cacem algumas das muitas bolas que vamos mandar". No entanto, menos de um minuto depois da segunda substituição, Goran Vlaović marcou o 2 a 0 em um contra-ataque, acabando com o sonho da Alemanha naquela Copa. O gol também antecipava, embora naquele

Gol da Alemanha

momento ninguém soubesse, a ruína total da filosofia de toda uma época, que se consumaria dois anos depois na Eurocopa disputada na Bélgica e na Holanda, com o veterano Erich Ribbeck — ex-técnico, entre tantas outras equipes, do Bayern — registrando os piores resultados de qualquer treinador da seleção alemã.

Quando, no dia seguinte aos meus comentários sobre o jogo na TV, encontrei Franck para uma aula, fiz uma pergunta que não saía da minha cabeça desde várias semanas antes. "É indiscutível que aquela Alemanha era obscura e antiquada, e me parece lógico que se buscasse uma mudança e uma revolução, mas agora que você me fala de Beckenbauer e de Hoeneß, que papel nesse quebra-cabeça tem a Alemanha da época deles? Em que momento a Alemanha brilhante dos anos 1960 e 1970, com seu glorioso Bayern de Munique, transformou-se em uma lenda do passado, em algo impossível de ser imitado? Os novos revolucionários, os Klinsmann, Klopp, Löw e Rangnick... Eles realmente inventaram algo novo ou voltaram a conceitos que estavam perdidos? E, se for isso, por que esses conceitos se perderam?"

Franck passou a me explicar, falando do passar do tempo e das nostalgias da juventude, mas não entendi muito bem, ou pelo menos não senti que minha pergunta havia sido respondida. Talvez eu tivesse que fuçar no eBay para comprar vídeos antigos da época dourada. Para entender o tamanho da revolução Klinsmann, eu teria que estudar com profundidade o que havia sido a Alemanha antes da queda nos anos 1990.

11. Aula de história
(Franck)

Caro Axel, chegamos a um ponto em que não pensei que chegaríamos. Mas, no fim das contas, tenho de lhe contar isso. Já sei o que você está pensando. Mas não se preocupe, não falaremos de sua evolução como aluno. Já temos mais de um ano de aulas e já conheço seu jeito particular de entender o processo de aprendizagem. Aceito e gosto dele. Muito embora, devo admitir, às vezes ache que você deveria estar sabendo mais, especialmente quando penso nos alunos que fazem cursos intensivos porque querem ir para a Alemanha. Vejo como eles lutam contra esse idioma tão difícil, o quanto é complicado para eles, os muitos esforços que fazem e como, pouco a pouco, vão avançando. Mas com eles eu não aprendo nada. Com você, ao contrário, aprendo cada vez mais. Lendo textos no MarcadorInt.com sobre o futebol bizarro de outros países, entendo cada vez melhor o espanhol. Em pouco tempo, entenderei todo o jargão futebolístico do idioma. Para mim, isso — a aprendizagem contínua — é a melhor parte de ser professor.

Por isso eu não me frustro quando penso que você poderia avançar mais rapidamente. Porque tudo nasceu da sua vontade de aprender alemão. Você não coloca pressão em si mesmo, mas aproveita. E, cada vez mais, falamos em alemão. É um pouco como dar à luz: vemos o bebê nascer e ele parece tão dependente em tudo… Mas depois de um ano já está comendo sozinho. Eu me sinto como

Gol da Alemanha

uma mãe que olha para o filho e se pergunta até que ponto tem de corrigir os erros dele. Porque seria uma loucura corrigir um bebê que cai quando está aprendendo a andar, não? No fim, o bebê nem ia gostar de andar. Ficaria angustiado com as críticas. Não se sentiria seguro. O bebê aprende à medida que tem de lidar com obstáculos imprevistos. E acaba andando.

Mas eu não estou fazendo isso só por você; faço por mim, também. As perguntas que me faz são intrigantes. Eu me perguntei, já há certo tempo, por que vocês espanhóis chamam o Bayern de Munique de "La bestia negra". E, sobretudo, eu me pergunto como é possível que alguém que consome tanto futebol não saiba que nós temos uma visão tão crítica, inclusive depreciativa, de nosso estilo de jogo.

Agora sei que o apelido da *bestia negra* se deve às várias vezes em que o Bayern eliminou times espanhóis de competições europeias. Como em 1974, quando os bávaros ganharam a Copa dos Campeões contra o Atlético de Madrid, numa final que Uli Hoeneß definiu como o melhor jogo da geração de ouro dos anos 1970. Mas o que se sabe de verdade da *bestia negra* na Espanha, além do fato de que ela quase sempre elimina os times de Madri, seja o Atlético, o Real ou o Getafe? Certamente os espanhóis pensam que se trata de um clube com uma história como a do Barcelona, do Real Madrid ou do Athletic, que têm títulos desde os tempos mais remotos, que foi fundado antes de nossos avós terem nascido etc. Se leio sobre a história da Primeira Divisão espanhola na Wikipédia, descubro que três clubes conquistaram quase todos os títulos. E na Alemanha?

Você sabe qual foi o último clube de Raúl González na Europa? Claro que sabe, foi o Schalke 04! Tal como o nome indica, o clube foi fundado em 1904. Ganhou sua última Liga um ano antes de o Eintracht Frankfurt ser atropelado pelo Real Madrid (7 a 3) na final da Copa dos Campeões de 1960. Naquele Real Madrid, jogavam Di Stéfano e Puskás, além de outros nomes dos quais não conheço muito. Eram, para nós alemães, os anos do pós-guerra, a era de Berni Klodt e Willi Koslowski, nomes tão antigos e tão conhecidos

dos torcedores alemães — e não apenas do Schalke —, que às vezes os confundimos com personagens de histórias e lendas que nossos avós nos contavam.

Outro grande nome foi Fritz Szepan, que jogou pelo Schalke antes e depois da Segunda Guerra Mundial e se aposentou em 1949. O nome deveria chamar sua atenção. Sabia que o apelido do time de Szepan e Kuzorra, a outra grande estrela da época, era "Schalker Kreisel"?[14] A revolução do futebol alemão dos últimos anos parece uma piada se a compararmos com o estilo dessa equipe: eles dominavam perfeitamente a arte do passe milimetricamente preciso, das tabelas rápidas, da busca de espaços entre os rivais e dos dribles.

Então, surgiu a expressão *flach spielen, hoch gewinnen*, que poderia ser traduzida como "bola no chão, vitória fácil". Szepan é conhecido como "o Franz Beckenbauer do pré-guerra". Muitas vezes, no entanto, aponta-se a influência de um tal Adolf Hitler para justificar as vitórias da equipe operária de *Ruhrpott*, porque muito se fala do esporte como ferramenta para manipular as massas. O que se sabe, com certeza, é que eles jogavam incrivelmente bem. O Schalke é um dos times daquela época que continua na Bundesliga. Outros desapareceram, ou hoje disputam campeonatos de divisões inferiores.

Mas qual é a história da *bestia negra*? Evidentemente, o Bayern de Munique já existia antes de seus grandes momentos, antes de seu presente vencedor. Em 1932, foi campeão da Alemanha, ainda que não se tratasse da Bundesliga, que só seria criada 31 anos depois, na temporada 1963/1964. O clube que teve a honra de ganhar a primeira edição do novo campeonato foi o Colônia, que anos depois seria conhecido por revelar nomes como Häßler, Littbarski, Illgner e Podolski. Mas o primeiro time campeão da Bundesliga não ganhou mais nenhuma vez desde 1978. E não joga uma competição europeia

---

14 ESSE APELIDO DESIGNAVA O JOGO DE TOQUES DE PRIMEIRA DO SCHALKE DESSA ÉPOCA. OS JOGADORES TENTAVAM ESTAR SEMPRE DESMARCADOS PARA PASSAR A BOLA EM VELOCIDADE E, PARA ELES, CHEGAVA A SER DEMÉRITO MARCAR UM GOL SEM TER TABELADO ANTES. KREISEL SIGNIFICA "PIÃO" EM ALEMÃO. (N. A.)

| Gol da Alemanha |

A estrela do Schalke Fritz Szepan (à dir.) cumprimenta o capitão sueco Rosen (à esq.) antes do jogo de quartas de final entre Alemanha e Suécia (2 a 1), na Copa do Mundo da Itália em 1934.
(Foto: Bob Thomas/Popperfoto/Getty Images)

desde 1992. O segundo campeão foi o Werder Bremen, em 1965, que voltou a ganhar em 1988 — depois em 1993 e 2004 — e que desde 2009 não fez nada digno de nota.

O Munique 1860 foi o terceiro campeão. Você se lembra da última vez em que eles jogaram a Bundesliga? O certo é que já estão há muito tempo na terceira divisão. Logo depois veio o Eintracht Braunschweig, que posteriormente caiu às divisões inferiores e não voltaria à Bundesliga até 2013. O quinto campeão foi o Nuremberg, que havia sido o grande papa-títulos da Alemanha nos anos 1920. Todos esses times viveram em uma gangorra desde então. E hoje em dia já não são muito relevantes. O Bayern de Munique foi o sexto campeão da Bundesliga, em 1969.

Depois, o Borussia Mönchengladbach entraria na galeria dos campeões, com três títulos seguidos. Eles sim foram relevantes, sobretudo nos anos 1970, quando ganharam cinco títulos nacionais, duas Copas da Uefa e chegaram à final da Copa dos Campeões em 1977 — perderam por 3 a 1 para o Liverpool, em Roma — com Udo Lattek como técnico, e com jogadores como Berti Vogts, Allan Simonsen, Uli Stielike e Jupp Heynckes. Mas o clube também teve seus altos e baixos. No entanto, conseguiu se estabilizar nos últimos anos e voltou a ser uma das principais equipes da Bundesliga. Também foram campeões o Stuttgart, que de vez em quando ainda se junta aos primeiros colocados no fim da temporada, e o Hamburgo, cuja boa fase foi vivida nos anos 1980. Desde então, o clube vive de fama e glória obsoletas, de lembranças cada vez mais distantes.

O Borussia Dortmund foi o último clube campeão alemão antes do surgimento da Bundesliga, em 1963. Depois, ganhou a Recopa de 1966 e mais tarde caiu para a segunda divisão. Só voltou a ser campeão em 1995 e 1996, ganhou a Champions no ano seguinte e desapareceu do cenário internacional. Voltou a ganhar a Liga em 2002, depois quase caiu outra vez e esteve a ponto de falir. Quis competir com o Bayern, muito mais rico, e gastou dinheiro que não tinha. O clube entrou em processo de falência e só se

Gol da Alemanha

salvou com o investimento de seus torcedores. Atualmente, tem muitas chances de se tornar o único rival consistente do Bayern. Nos últimos anos, é o Borussia Dortmund quem tem desafiado o gigante. Mas não será, entretanto, o primeiro time que supera o Bayern e se desmonta logo depois. Normalmente os rivais do Bayern aguentam três ou quatro temporadas antes de virem abaixo, muitas vezes por causa da transferência de algum de seus jogadores para o clube bávaro.

Em meus modestos 34 anos de vida, sendo 23 deles de cultura futebolística, o único clube que me lembro de ver se mantendo no topo do futebol alemão é o Bayern, acompanhado por escassas e intermitentes aparições de Stuttgart, Werder Bremen e Borussia Dortmund. Se esqueci de algum clube é porque ele não marcou suficientemente a minha memória. Como o Kaiserslautern, por exemplo. Tenho de fazer força para me lembrar dele. Há anos sobe e desce de divisão, é um time "elevador": rebaixamento em 1996, volta à elite de 1997 e campeão em 1998. Esse era o time de Olaf Marschall, o atacante que Berti Vogts colocou no segundo tempo contra a Croácia na Copa de 1998.

Nos anos anteriores à Primeira Guerra Mundial, também encontramos alguns clubes de prestígio — pelo menos para os alemães — como o VfB Leipzig, o Stuttgarter Kickers, o SpVgg Fürth ou o Holstein Kiel. Quando a guerra começou, os alemães pensavam que ganhariam rapidamente e que ainda obteriam muitas riquezas da França, como acontecera na Guerra Franco-Prussiana de 1870. Mas a guerra continuou, e jogar futebol passou a ser visto como uma ofensa aos homens que lutavam e morriam nas trincheiras.

Nas palavras do historiador Nils Havemann, o futebol e o esporte em geral deveriam reforçar "a força física do corpo nacional" e "melhorar o moral do exército", além de "ajudar no renascimento do povo alemão". O espírito da época guilhermina — de 1890 a 1918 — refletia-se nessas palavras. Uma época de um nacionalismo tão romântico quanto feroz.

Os nomes dos clubes fundados durante o Império Alemão (1871-
-1918) revelam justamente esse modo de pensar. O VfL Borussia
Mönchengladbach 1900 e o Ballsportverein Borussia Dortmund
1909, por exemplo, mostram o orgulho da condição de prussianos,
já que *Borussia* significa "Prússia" em latim. Também foram criados
clubes que evidenciavam o respeito pela nova nação que se formava.
O Alemannia Aachen faz referência ao nome dos territórios que os
povos alemães ocupavam durante o primeiro milênio; é dele que
vem "Alemanha", em português. O nome *Teutonia* também é encontrado com frequência nos clubes fundados no período da virada do
século xix para o xx, referindo-se ao nome da tribo germânica que
aniquilou o exército romano de Público Quintílio Varo na batalha do
bosque de Teutoburgo, no ano 9 d.C. Encontramos outra alusão a
essa mesma história no nome do clube Arminia Bielefeld: o comandante Armínio foi o líder dos germânicos contra os romanos de
Público Quintílio Varo.

Depois chegou a Primeira Guerra Mundial. Os alemães a perderam
e ali acabou a glória teutônica. O futebol voltou em 1919, mas o
enfoque havia mudado. Os alemães tinham passado por uma guerra
sanguinária, e o esporte deveria servir então para proporcionar o enten-
dimento entre os países. Após a guerra, quem começou a se destacar
foi o Nuremberg, que competia com equipes como o Hamburgo, o
Hertha de Berlim e o FC Olympia Oberschöneweide, o atual Union
Berlin. No início dos anos 1930, finalmente o nosso Bayern de Munique
soma-se à elite, junto aos leões do Munique 1860. Em 1931, os *Löwen*[15]
perderam a final contra o Hertha. Um ano depois, o Bayern foi campeão
após a vitória sobre o Eintracht Frankfurt por 2 a 0 em Munique. Era
a primeira vez que a *bestia negra* rugia.

Eu ia dizendo que, depois da Primeira Guerra Mundial, as novas ideias
ao redor do futebol e do esporte em geral defendiam a "amizade entre os

---

15 "LEÕES", EM REFERÊNCIA AO SÍMBOLO DO REINO DA BAVIERA. O MUNIQUE 1860 SEMPRE FOI UM
CLUBE MAIS BÁVARO QUE O BAYERN. (N. A.)

Gol da Alemanha

países". Para algumas pessoas, era isso. Mas para outras, não. A derrota na guerra havia deixado muita gente frustrada. Muitos não podiam esquecer o passado glorioso do *Deutsches Reich*, o Império Alemão.

O Tratado de Versalhes havia provocado uma crise profunda. Os alemães tiveram de pagar aos franceses; e os franceses tinham se vingado dos alemães, que — após a vitória da Alemanha na Guerra Franco-Prussiana — foram obrigados a compensar financeiramente os rivais. Da pobreza e do orgulho ferido, surgiram muitos nacionalistas. Ao mesmo tempo, muita gente comungava das ideias do internacionalismo e do liberalismo, sobretudo os intelectuais, comunistas e burgueses, gente que com certeza não tinha nada a ver com as ideias que culminariam no Terceiro Reich. Aqui está a diferença-chave entre os dois clubes de Munique: o 1860 era o time dos operários e das classes menos favorecidas; o Bayern era o dos burgueses e intelectuais, conhecido como o *Judenklub*. Acho que simplifiquei um pouco as coisas, mas vale lembrar que o Bayern era um clube de muitos judeus. Incluindo seu presidente, Kurt Landauer.

Sabe qual é o maior absurdo da perseguição aos judeus? É que os que ficaram marcados como "judeus" não se sentiam judeus, mas sim alemães. Na verdade, ninguém sabia se o presidente do Bayern era judeu ou não. Todos eram alemães e pronto. Somente quando os nazistas começaram a pôr membros judeus do clube nos campos de concentração é que as diferenças afloraram, e muita gente começou a ver quem era judeu e quem não era. É como se na Espanha começassem a procurar os descendentes de sefarditas e dissessem que eles são judeus e não espanhóis. Kurt Landauer foi para o campo de concentração de Dachau em 1938, mas acabou liberado após dois meses. Algumas fontes dizem que ele lutou pela Alemanha na Primeira Guerra Mundial. Ainda que fossem muito estigmatizados, os judeus eram tão alemães que ninguém poderia imaginar que alguns fossem de fato judeus, porque inclusive já seguiam outras crenças. Eles estavam misturados aos alemães cristãos e muitos aceitaram a fé cristã. Ou ainda, como se diz a respeito de Kurt Landauer: não era alemão, era bávaro.

Landauer sabia que o futebol movimentava muito dinheiro e, por isso, em seu time não jogavam apenas atletas de Munique, mas também de fora da Baviera. *Preissn!*[16] Landauer, além disso, pagava seus jogadores de modo aberto, sendo que na Alemanha a condição de jogador profissional só existiria oficialmente muitos anos depois. Com certeza, foi nessa época que surgiu o termo *Judenklub Bayern München* — o clube ao qual se atribuía maliciosamente a imagem antissemita que imperava naqueles tempos: a do judeu usurário e apátrida. No outro extremo, havia a instituição puramente munique, o 1860, com jogadores de Munique e uma base de sócios mais tradicional. O clube foi controlado por nazistas a partir de 1934 (um ano depois de assumirem o poder na Alemanha), enquanto o Bayern demorou mais alguns anos para também sofrer a ingerência do regime.

Diz-se que o traço-chave para determinar se um clube se afiliava ao nazismo ou não é a observação da participação de seus jogadores na guerra: se eles iam lutar na linha de frente, expondo-se a uma morte mais que provável, ou se ficavam em território alemão, na retaguarda. Os jogadores do Bayern foram chamados para a frente de batalha com mais frequência que os do 1860. É justamente essa teoria que os torcedores do Schalke 04 usam para argumentar que seu clube não foi apadrinhado durante o Terceiro Reich, ainda que algumas fontes afirmem que os clubes mais próximos ao nazismo foram o Werder Bremen, o Stuttgart, o próprio Schalke e o Munique 1860.

Mergulhar na história às vezes é difícil e controverso. Melhor mudarmos de assunto. Mas, antes de fazer isso, quero lhe contar uma história muito bonita sobre o antigo presidente do Bayern. Kurt Landauer fugiu da Alemanha e foi para a Suíça. Em 1940, o Bayern disputou uma partida amistosa contra o Servette, em Genebra.

---

16 PREISSN É O PLURAL DE PREISS, QUE SIGNIFICA "PRUSSIANO" NO DIALETO BÁVARO. NAQUELES ANOS, ERA UM TERMO DESRESPEITOSO PARA DIFERENCIAR OS ALEMÃES DOS BÁVAROS. ATÉ VINTE ANOS ATRÁS, PREISS CONTINUAVA SENDO UM INSULTO E UMA MANEIRA DE SEPARAR AS PESSOAS DE MUNIQUE DO RESTANTE DA ALEMANHA. (N. A.)

Gol da Alemanha

Quando os jogadores perceberam a presença de Landauer, que estava vendo o jogo na arquibancada, todos o saudaram efusivamente. Depois da Segunda Guerra Mundial, ele voltou a ser presidente do Bayern entre 1947 e 1951. Faleceu dez anos depois.

O dinheiro já era importante no futebol muito antes do que eu pensava. Desde o começo dos anos 1930, ficou evidente que não se tratava apenas de uma atividade de apaixonados, mas de um mundo profissional em meio à clandestinidade. No entanto, era interessante para a Federação continuar transmitindo a ideia do amadorismo, a fim de alimentar a identificação dos torcedores com os jogadores, e também por uma questão fiscal: na Alemanha, entidades sem fins lucrativos quase não pagam impostos. O único clube da Bundesliga que mantém até hoje o status de entidade sem fins lucrativos é o Hamburgo, e foi exatamente por essa falta de estrutura profissional que o *Dino* (de "dinossauro", porque é o único clube a jogar todas as temporadas da Bundesliga) esteve muito perto do rebaixamento nas últimas temporadas. Mas voltemos ao passado.

Na final de 1932, ainda com uma Alemanha arruinada, 40 mil torcedores foram ao estádio. Não cabia um alfinete. O que os clubes fariam com tanto dinheiro? Dariam aos jogadores. Como a profissão de jogador profissional não estava regulamentada, os atletas trabalhavam oficialmente nas empresas dos presidentes — ou nas de algum patrocinador — em troca de um bom salário; ou, então, compravam carros velhos a preço de banana e vendiam ao clube por uma fortuna.

Axel, eu imagino que você se assuste por eu insistir tanto no assunto, mas na Alemanha estamos acostumados a ver o esporte sem tanta relação com o dinheiro. Nós aprendemos que o esporte é bom para a saúde: *Mens sana in corpore sano*. Esse lema representa a base da nossa concepção sobre a atividade esportiva. E, na verdade, os pais não querem que seus filhos se transformem em atletas de elite, porque acham que dedicar toda a vida ao esporte não é muito recomendável. Preste atenção ao número de atletas profissionais que terminam pelo menos o segundo grau antes de se dedicar exclusivamente a sua carreira. Em outros esportes, os jogadores servem ao exército e passam quase toda a carreira ali, estudando e treinando. E isso não é de hoje. No mítico Bayern dos anos 1970, por exemplo, havia um jogador chamado Jupp Kapellmann, que ganhou o apelido de *Apotheke* ("farmácia"): ele estudou economia e depois medicina, embora só tenha se formado na universidade 27 anos depois de sua aposentadoria no futebol. Aliás, segundo a Wikipédia, ele atualmente trabalha como médico no Catar.

Hoje em dia, muitos jovens chegam até as portas da universidade, antes de finalmente elegerem a carreira esportiva. O número de atletas da seleção alemã que chegaram a fazer exames para entrar na faculdade é muito alto: Lukas Podolski, Mario Götze, Benedikt Höwedes, Julian Draxler, Per Mertesacker, Manuel Neuer, Thomas Müller, Marcell Jansen, İlkay Gündoğan... Além disso, jogadores como Christoph Metzelder, Oliver Kahn e Oliver Bierhoff permaneciam estudando enquanto já atuavam em equipes profissionais. Até mesmo na seleção de 1990 havia jogadores que tinham chegado à faculdade: o goleiro Bodo Illgner, os zagueiros Hansi Pflügler (é engenheiro!) e Thomas Berthold, entre outros.

O futebol tornou-se uma profissão a mais para os jovens, e não apenas para a classe operária. Ainda assim, o alto número de atletas que são aprovados no vestibular se deve à estrutura do futebol alemão. Os garotos não podem apenas treinar nos clubes: eles estão obrigados a terminar o segundo grau e, se não conseguem ingressar numa universidade, devem aprender uma profissão. É um sistema pensado para dar a eles uma vida profissional depois da curta etapa esportiva, após a qual muitos atletas de elite se afundam e não conseguem juntar dinheiro; mas é pensado, também e principalmente, para ajudar os garotos que trabalham duro desde pequenos e que não chegam ao futebol profissional — ou seja, a maioria. Esses garotos crescem com duas chances: a bola e os estudos.

Gol da Alemanha

Acho que agora você consegue entender melhor de onde vem essa impressão dos alemães de que o futebol é essencialmente amador. Mas isso não é tudo, Axel. Por que nos sentimos tão inferiores na hora de competir com times espanhóis, ingleses e italianos? Por que nosso estilo é tão pobre comparado com o de vocês? Por que exalamos tanta hipocrisia e *Sozialneid* (existe este termo, "inveja social", na sua língua?) quando falamos dos times de outros países?

Acho que devo voltar à época da queda do Terceiro Reich. Naquele momento, terminada a guerra e com o país sob escombros, a simples ideia de jogar futebol profissionalmente era desrespeitosa e sem sentido. O momento era de superar a fome e reconstruir as cidades. Enterrar os mortos. Era a hora de os alemães serem limpos, porque havíamos sujado nossas mãos. E de trabalhar, trabalhar e trabalhar mais. Com a cabeça baixa. Não era o momento de gritar como loucos em um estádio, mas sim de ir para a igreja prestar homenagens aos que tinham morrido.

Creio que a ideologia que aquele momento suscitou acabou impregnada na forma como passamos a ver o futebol durante muito tempo. Somos um país de trabalhadores. E isso se confirmou na primeira Copa do Mundo em que a seleção alemã participou no pós-guerra. Suíça, 1954. A Alemanha chegou à final. E a Hungria, o melhor time do mundo naquela época, também. A grande Hungria de Czibor, Puskás, Kocsis. E nós vencemos, apesar de termos levado dois gols no início. O narrador da rádio alemã calculou o que aconteceria se os *mágicos magiares* continuassem fazendo gols naquele ritmo: teríamos perdido por 22 a 0. Mas lutamos. E, no enlameado estádio Wankdorf, de Berna, empatamos. Na lama, em que tantos alemães haviam perdido a vida, jogamos com personalidade e honestidade. Marcamos o gol da vitória, que consumou o "milagre de Berna", nos últimos minutos.

Konrad Adenauer — o chanceler que governou os alemães durante catorze anos (1949 a 1963) sob o lema "Nada de experimentos" — deu os parabéns aos jogadores. A solidez, a honestidade e a negação

às frivolidades tornaram-se as bandeiras da sociedade alemã no pós-
-guerra. Imagina! Jogadores de pura classe, como Häßler e Netzer,
foram criticados por sua aparente falta de competitividade. As pessoas
não gostavam quando eles buscavam o jeito mais fácil de jogar, e
com frequência ouviam-se vaias nos estádios. Os alemães preferiam
jogadores com menos talento, mas com espírito de luta. Axel, você
se lembra da entrevista de Thomas Hitzlsperger? "Se um jogador dá
um passe fraco, os outros dizem *schwuler Pass* [passe de maricas]",
foi o que ele declarou. Acho que muitos alemães pensavam assim.
Muitíssimos.

Diante disso, o lógico é perguntar como surgiu uma equipe com
jogadores do naipe de Beckenbauer, Wimmer ou Netzer. Hoje em
dia, muitos dizem que eles eram revolucionários; e, sim, Netzer,
Breitner e vários outros tinham os cabelos compridos, mas... Era
revolucionário ser cabeludo naquela época? Na verdade, não, era
apenas a moda do momento. Entretanto, todos eles foram grandes
jogadores; mas, será que eram tão bons assim? Na Alemanha, a
crença é de que a seleção só era a melhor na Eurocopa de 1972. Sobre
a Copa do Mundo de 1974, o que se diz é que a chuva nos ajudou
contra a Polônia e que, na final, a Holanda foi melhor, apesar de ter
saído derrotada. "O futebol é um jogo muito simples: 22 pessoas
correm atrás de uma bola, e os alemães ganham no final", disse Gary
Lineker nos anos 1990.

A respeito disso, os alemães pensam basicamente o seguinte:
"Ganhamos porque trabalhamos bem. Não fazemos gracinhas em
campo. Lutamos e não cedemos nenhum centímetro. É o nosso
estilo, porque o futebol é dos trabalhadores. A Espanha e seu jogo
artístico? Não ganharam nada com isso no século passado. Real
Madrid e Barcelona? Times de mercenários. E a Itália ganha de vez
em quando porque trapaceia. (Vimos isso nas oitavas de final da
Copa dos Campeões de 1971. Borussia Mönchengladbach × Inter de
Milão. O melhor time alemão daquela época atropelou os italianos
por 7 a 1. Mas, aos 29 minutos, alguém jogou uma lata de coca-cola

Gol da Alemanha

em Boninsegna. Ele podia e queria levantar para continuar jogando, mas seu treinador o proibiu. Nós já conhecíamos os italianos desde a semifinal da Copa de 1970: uma entrada leve e parece que você matou um deles, mas depois de poucos minutos já ressuscitam. O time do Gladbach fez o jogo de sua vida, mas os italianos conseguiram que a Uefa anulasse o resultado. Na nova partida, 0 a 0. E o Gladbach foi eliminado.) Os únicos que têm coragem? Os ingleses, sem dúvida. Sempre ganhamos deles, mas é sempre uma disputa nobre. Assim é nosso caminho. Honra, dignidade... E nada de experimentos".

Os alemães ainda apreciam os aforismos de Sepp Herberger, o técnico da seleção alemã no "milagre de Berna", em 1954. Um dos mais célebres era: "Não temos nenhuma chance, então vamos aproveitar". Acho que essa frase descreve com perfeição como os alemães veem a si mesmos. Os teutônicos sofreram um golpe muito duro com a derrota na Segunda Guerra Mundial, mas se recuperaram apostando no trabalho duro. Assim como recuperaram a confiança em si mesmos. O povo alemão, no entanto, é muito neurótico. Há vários motivos para isso: paranoia com os comunistas, paranoia com uma bomba nuclear, sentimento de culpa por todas as mortes provocadas pelo Terceiro Reich, complexo de inferioridade por uma guerra perdida etc. Por isso seguimos as regras tão ao pé da letra. Isso nos ajuda a sair da lama. A ser um país limpo. Sem experimentos.

Além disso, não podemos nos esquecer de que os alemães sentiam que tinham uma fama ruim fora do país, algo que se confirmou em 1958, quando a seleção foi vaiada simplesmente por ser alemã — ou seja, nazista — durante a semifinal da Copa do Mundo da Suécia, diante dos anfitriões. De tudo isso, nasceu a ideia de que era necessário esquecer os erros do passado o mais rápido possível e tentar recuperar a honra perdida, por meio do trabalho duro.

Axel, você viu como eu me irritei com o caso Hoeneß? Nós somos hipócritas. Sabemos que o mundo é ruim e que as pessoas se aproveitam de qualquer brecha na lei. Mas aceitar isso implicaria ser cínico e aceitar que todo alemão, com a culpa herdada do Terceiro

Reich, é um ser essencialmente mau. E não podemos aceitar de nenhuma maneira que uma característica essencial do ser humano seja *ser mau*. Precisamos de regras para saber quem é e quem não é.

Nossos jogadores são modestos, apesar de termos uma seleção que quase sempre chega às fases mais agudas em todas as competições. Além disso, não ganhamos todas, e você já sabe que nós, os alemães, queremos ganhar sempre. E nossos clubes? Estamos fartos dessas equipes que gastam milhões em contratações. Também somos modestos nas competições europeias, mas jogamos honestamente e sempre em função de nossas possibilidades. E não temos problemas econômicos.

Bem, Axel, eu fico por aqui. Espero que agora você possa entender um pouco melhor as raízes da nossa idiossincrasia, do nosso futebol, que é essencialmente austero, modesto e de origem operária — o que nos enche de orgulho e, por outro lado, nos faz conscientes de que esteticamente não somos os melhores. Mas, Axel, nós nos contentamos com o que somos e com o que temos, assumindo (isso sim) que, apesar de tudo, temos que ganhar sempre. Sempre.

12. O primeiro Beckenbauer: a final de Nurembergue
(Axel)

Foi uma dessas coincidências que alguns chamam de coisas do destino. Era uma sexta-feira à noite e eu tinha começado a ver as finais europeias do Bayern na época de Beckenbauer com o objetivo de responder a uma pergunta — uma pergunta que também tinha sido feita por Eduard, o editor deste livro, quando nos reunimos com ele pela primeira vez em um antigo teatro e comentamos que seria possível escrever um livro sobre o processo de revolução no futebol alemão: "Por que vocês falam de revolução, se o auge foi nos anos 1970? Que valor pode ter a mudança cultural de Klinsmann se a situarmos na perspectiva global de todos os tempos?".

Eu estava vendo a final da Recopa de 1967, entre o Bayern e o Glasgow Rangers quando, de repente, recebi um aviso no meu celular que me fez escutar um programa de rádio da noite anterior. Santiago Segurola e Ángel Cappa tinham falado sobre a história do Bayern. Minha ideia inicial era tentar ver essas partidas sem ter recebido nenhuma informação externa: não saber se o Bayern ganhou com justiça ou se foi sorte; não conhecer a escalação inicial nem os autores dos gols. Eu queria partir de uma neutralidade máxima, sem preconceitos. No entanto, era difícil resistir àquela oportunidade.

O Bayern, que ganharia a Bundesliga de 2013/2014 semanas depois com antecipação recorde, acabara de eliminar o Arsenal nas oitavas de final da Champions League. Era o grande favorito em todas as casas de apostas para reeditar o título conquistado em Wembley no ano anterior, o que significaria chegar ao bicampeonato — algo que jamais aconteceu desde a mudança no formato da competição, no início dos anos 1990. No entanto, em um programa de TV depois do jogo de volta contra o Arsenal, Franz Beckenbauer havia feito um comentário que surpreendera o mundo: "No fim das contas, com tantos passes, ninguém mais vai querer ver nossos jogos, como aconteceu com o Barcelona". Beckenbauer, a grande lenda do futebol alemão — um status que para mim já estava claro após o relato surrealista sobre o encontro imaginário de Franck com um excêntrico senhor em um pub de Barcelona —, tinha se entediado vendo o jogo contra os ingleses. Na verdade, o próprio Guardiola reconheceu depois, na entrevista coletiva, que a estratégia para aquela partida estava traçada baseada no resultado da ida: um 2 a 0 muito favorável. O Bayern, ao contrário do que havia acontecido no restante da temporada, preferiu conservar a posse de bola sem muitas intenções de atacar e tendo como prioridade não ser contra-atacado. O time alemão não tinha a necessidade de marcar gols e sabia que o Arsenal seria perigoso se tivesse espaços (Pep já havia sofrido isso com o Barcelona mais de uma vez, apesar de acabar ganhando todas). Para Segurola e Cappa, em seu programa semanal de debates na rádio Onda Cero, as palavras do Kaiser foram uma grande ofensa.

Na verdade, aqueles minutos do programa de rádio foram se transformando em uma revisão histórica de Beckenbauer, com um tom crítico crescente. O que mais me chamou atenção foi que Segurola o denominou como o principal responsável pela "involução" do futebol alemão. A tese era a seguinte: Beckenbauer havia sido um meio-campista brilhante, mas para jogar mais protegido resolveu recuar e atuar como líbero, com dois zagueiros marcadores ao lado, o que lhe permitia conduzir a bola com toda a elegância e sem se preocupar em defender. Quando se tornou treinador, usou o mesmo sistema; como a tática deu certo em 1990 — apesar de os jogos terem sido "chatíssimos", nas palavras do próprio Segurola —,

Gol da Alemanha | 103

a Alemanha perpetuou essa estrutura durante anos e ficou parada em suas ideias antiquadas. "O Beckenbauer treinador jogava sempre com dois zagueiros protegendo um líbero e com dois volantes fortes protegendo os zagueiros. O centroavante, normalmente, era muito alto e pouco técnico, e o time tentava chegar a ele de maneira direta", disse. Escutando suas palavras, lembrei-me do jogo que tinha visto poucos dias antes, aquele Alemanha × Croácia da Copa de 1998, em que Berti Vogts acabou prescindindo de meios-campistas criativos e acumulou centroavantes de ofício na área rival, tentando a virada no desespero. Vogts tinha sido companheiro de Beckenbauer na seleção e foi seu sucessor como técnico da equipe.

Então estaríamos dizendo que o mérito de Rangnick, Klinsmann e companhia havia sido romper com essa tendência implantada por Beckenbauer e voltar ao futebol alemão de antes? Mas... o que era o "de antes"? Em que momento o futebol alemão deixou de ser brilhante para se transformar em puro pragmatismo antiestético?

Segurola continuava falando. "O Bayern dos anos 1970 é muito supervalorizado. Nas três finais de Copa dos Campeões que ganhou, mereceu perder."

Olha isso! Mereceu perder as três! Infelizmente, eu já não poderia mais assistir àqueles jogos sem considerar essas palavras. Ainda que tentasse não pensar nelas, já as tinha escutado, havia interiorizado aquela ideia, já *sabia* que ela existia. E morria de vontade de descobrir se concordava ou não com aquilo.

"Atenção: uma coisa é o Bayern e outra é a seleção alemã. Aquela seleção alemã dos anos 1970, ela sim, foi brilhante", comentou. Hummm... Então era preciso ver, também, a seleção alemã dos anos 1970. Aquela história — que havia começado com um par de frases sobre Klinsmann, ditas por Franck em um café de Barcelona e por Christian Seifert num hotel em Dortmund — estava se transformando em uma busca apaixonante. Não podíamos resolver o enigma sobre a construção do grande Bayern de Van Gaal/Heynckes/

Guardiola sem estudar essa evolução histórica. Parei a reprodução do programa da Onda Cero para voltar a ver a final da Recopa de 1967, contra os Rangers.

O Bayern jogava praticamente em casa. Em Nurembergue, na Baviera. Pela terceira temporada seguida, um time alemão chegava à final da Recopa. Dois anos antes, o vizinho e rival do Bayern, o Munique 1860, havia perdido em Wembley contra o West Ham. Perdera, também, a chance de fazer história: de se tornar o primeiro time alemão — e, portanto, também o primeiro time de Munique — a conquistar um título europeu. Antes, apenas o Eintracht Frankfurt havia chegado a uma final: a da Copa dos Campeões de 1960, contra o Real Madrid, o famoso 7 a 3 de Hampden Park, ao qual a bbc referiu-se durante muitos anos como "o jogo do século". O Bayern tinha a chance, então, naquela tarde em Nurembergue, de conseguir algo que seus compatriotas tinham deixado escapar. No entanto, já não seria mais o primeiro título europeu de um clube alemão, porque o Borussia Dortmund foi campeão da Recopa de 1966, vencendo o Liverpool do grande Bill Shankly por 2 a 1, também em Hampden Park — naquela época, um estádio habituado a grandes jogos.

O Bayern jogava sua primeira final europeia, ainda que jamais houvesse ganhado uma única Bundesliga. Mas Franz Beckenbauer já era muito conhecido em 1967, tanto para os alemães quanto para seus adversários britânicos, que tinham acompanhado sua boa Copa do Mundo na Inglaterra, um ano antes. Com vinte anos e jogando como meio-campista, Beckenbauer marcara quatro gols na Copa, cuja final a Alemanha perdeu por causa de uma controversa decisão do bandeira do Azerbaijão (soviético, portanto), Tofiq Bahramov, que validou o "gol fantasma" de Geoff Hurst na prorrogação.

Entretanto, naquela final de Recopa contra os Rangers, que eu estava vendo numa noite de sexta em março de 2014, Beckenbauer jogava claramente como zagueiro central em uma linha de quatro. Sim, numa linha de quatro. Não havia dúvida: era uma linha de quatro. Na verdade, um 4-2-3-1 bem definido. Ressalto isso porque, anterior-

| Gol da Alemanha | 105

Beckenbauer durante a final da Copa do Mundo de 1966, um ano antes da final da Recopa contra o Glasgow Rangers.
(Foto: Popperfoto/Getty Images)

mente, em várias conversas com Franck, ele havia sustentado a teoria de que a linha de quatro nunca tinha sido utilizada na Alemanha até que Rangnick a demonstrou naquele programa de TV e deixou tanto o apresentador quanto os espectadores completamente surpresos. A *Viererkette*, a linha com quatro defensores — dois zagueiros e dois laterais —, tornara-se um conceito inovador, revolucionário, algo quase impossível de imaginar para as cabeças que não conseguiriam entender o futebol sem líbero, sem esse defensor protegido por dois zagueiros marcadores, duros e agressivos.

E naquele jogo, no entanto, Beckenbauer não era nem meio-campista nem líbero: era um dos dois zagueiros. Obviamente, era quem mais se encarregava da saída de bola e também o menos agressivo na marcação, mas suas funções poderiam se comparar perfeitamente às de muitos defensores atuais em uma linha de quatro qualquer. Ele formava uma dupla muito bem ajustada com o capitão Werner Olk, então com 28 anos.

Enquanto eu assistia ao jogo, não me chamou atenção, porque era mais ou menos o que eu esperava (ou o que estou acostumado a ver hoje em dia), mas o esquema do Bayern era facilmente reconhecível. As posições eram bastante fixas — exceto por alguma mudança entre o meia-armador e algum dos outros meios-campistas — e quem assistia à partida podia ver, de forma muito clara, qual era a função de cada um dos jogadores do Bayern. Poucos dias mais tarde, depois de ter visto as finais do Bayern na Copa dos Campeões dos anos 1970, aquele fato, que me parecia tão normal numa primeira análise, passou a ser extremamente interessante.

TIME DO BAYERN CONTRA O RANGERS NA FINAL DA RECOPA DE 1967

MAIER

NOWAK   BECKENBAUER   OLK   KUPFERSCHMIDT

ROTH   KOULMANN

NAFZIGER   OHLHAUSER   BRENNINGER

MÜLLER

Gol da Alemanha

Obviamente, a TV alemã apresentava a formação como se fosse um 4-2-4, já que naquela época ainda não eram usados os "quatro números" nos esquemas táticos. No gráfico, punham Ohlhauser ao lado de Müller como atacante central, ainda que na verdade ele fosse com muita frequência receber a bola perto de Roth e Koulmann, que era o principal responsável pela saída de bola, com seu habilidoso pé esquerdo. O gol que daria ao Bayern de Munique a vitória na prorrogação — e, por consequência, seu primeiro título — começaria nos pés de Ohlhauser: do meio-campo, ele deu um passe brilhante, nas costas dos zagueiros, para Franz Roth, que, depois de uma de suas investidas desde a segunda linha, apareceu como centroavante e finalizou de forma acrobática. Bastou esse primeiro jogo para eu concluir que Roth era o que os ingleses chamariam — e certamente o chamaram naquela época — de um meio-campista *box to box* ou *all-round*.

Não foi, no entanto, uma vitória extraordinariamente brilhante. E também ninguém espera ou exige que o primeiro título europeu de um time o seja: quando uma equipe nunca ganhou nada nesse nível, a única coisa que importa é a vitória e o nome escrito nos livros de história. Dava para notar um Bayern precavido, consciente de que estava pisando em terras desconhecidas — em que pese jogar em Nurembergue, tão perto de casa — e contra um adversário com muito mais bagagem.

É verdade que o Glasgow Rangers nunca havia conquistado um título europeu, mas era um time que já tinha passado por essa situação sempre tão tensa e repleta de dúvidas que é a "primeira vez". O Rangers tinha sido vice-campeão da primeira Recopa, a única disputada em jogos de ida e volta, contra a Fiorentina, em 1961. A final de Nurembergue encerrava a nona participação do clube em torneios europeus. Antes, também, os escoceses tinham chegado à semifinal da Copa dos Campeões em 1960 (quando perderam justamente para o Eintracht Frankfurt).

Para o Bayern, por sua vez, era apenas a segunda aventura continental: a primeira havia sido a Copa de Feiras de 1962/1963, antes inclusive da criação da Bundesliga, quando se jogavam apenas ligas regionais na Alemanha. Levando-se em conta que em 1962 os participantes da Copa de Feiras não eram determinados por suas posições em campeonatos — mas sim pelo fato de representarem grandes cidades que tinham feiras comerciais —, pode-se considerar que a Recopa de 1967 foi a primeira participação europeia oficial do Bayern.

Como se pode imaginar, para um garoto de Sabadell que tem como principal referência de eliminatória europeia vintage um duelo de primeira rodada do time de sua cidade contra o Brugge, na Copa de Feiras, e que tinha crescido escutando que "em 1969 jogamos na Uefa porque ficamos em quarto no Espanhol", descobrir que aquele torneio mítico decidia seus participantes em função das feiras comerciais não foi uma experiência muito agradável. Mas depois eu soube que o regulamento mudou a partir de 1968, passando a levar em consideração a classificação das ligas nacionais. Lógico, não? Afinal, como iriam chamar o "nosso" Sabadell se fossem convidados apenas clubes de grandes cidades para divulgar suas feiras? Éramos uma potência têxtil na Espanha, mas certamente essa informação não chegava aos cafés de Paris em que se reuniam os senhores da Uefa naquela época.

Voltando à final de Nurembergue, e na linha do que havia escrito antes, o que mais poderia surpreender um espectador dos nossos tempos que assistisse àquele jogo pela primeira vez foi que o Rangers se comportou assumindo sua condição de favorito e que sua maneira de jogar não teve nada a ver com o que estamos acostumados a presenciar nos times escoceses de hoje em dia quando atuam fora de casa. É verdade que a vitória do Celtic na final da Copa dos Campeões de Lisboa, uma semana antes, contra a Inter de Milão, colocava muita pressão — forçava-os a ganhar o título para tentar equilibrar a balança —, mas a atitude do time ao lançar-se ao ataque não era apenas de coragem e ímpeto.

De certo modo, os escoceses sentiam-se superiores: os jogos internacionais entre clubes estavam apenas começando, e eles já tinham muitos anos de experiência nisso. E não faziam um mau papel.

Gol da Alemanha 109

Jogavam, de fato, muito melhor do que agora. Era a época dourada do futebol escocês, e a confiança que seus jogadores demonstravam com a bola nos pés configurava o oposto do que se vê hoje, em que parecem padecer de um complexo de inferioridade técnica.

Entre todos os jogadores, destacava-se Willie Johnston, vinte anos, ponta-direita. Seu desequilíbrio conduzindo a bola me fez distingui-lo rapidamente de todos os demais: no fim das contas, eu estava vendo o jogo para observar o Bayern, e quando a gente olha apenas para uma equipe, acaba deixando passar as coisas que o adversário faz. Mas, duas semanas após ter visto o jogo, eu só mantinha gravado na memória o nome de Johnston. Depois fui pesquisar mais sobre o jogador e descobri que, cinco anos mais tarde, ele marcaria dois gols na final que deu o único título europeu para o Glasgow Rangers até hoje: a Recopa de 1972, contra o Dynamo Moscow, em Barcelona.

Johnston teria sido o melhor jogador da partida, não fosse por Beckenbauer. Se aquela final era, para mim, uma grande chance de ver o Kaiser, além de Sepp Maier e Gerd Müller, no jogo mais antigo do Bayern de Munique dentre os que se pode encontrar facilmente hoje em dia, eu não tenho dúvidas em dizer que Beckenbauer foi quem mais me impressionou. É verdade que eu já o tinha visto se destacar na final da Copa de 1966, jogando como meio-campista; portanto, eu sabia que, ao contrário dos demais, ele já tinha exibido o nível de atleta internacional antes mesmo da final em Nurembergue. Mas sua atuação como zagueiro — e mais: um zagueiro não tão protegido como passaria a estar nos anos seguintes — me deu prazer em ver. Havia tanta beleza em tudo o que ele fazia, tanta elegância na condução de bola. Eram incríveis os passes que dava para superar as linhas do adversário. Em certas oportunidades, chegava a brincar conosco, os espectadores, realizando passes com o lado externo do pé apenas para impressionar, porque nem seria necessário usar esse recurso. E ele era rápido, avançava e ganhava todas as bolas de forma limpa, além de também dar um espetáculo defendendo. Era o primeiro grande Beckenbauer, que tinha tudo: o físico, a vontade de jogar, a confiança...

Müller, por sua vez, passou despercebido no jogo — na verdade, o que mais chamaria atenção de alguém que o visse pela primeira vez seria a grossura de suas coxas, exageradamente pesadas para alguém tão baixo. Embora ele jamais tenha perdido a potência extraordinária nas pernas, minha sensação é que, comparando com aquele jogo, o "Torpedo" tenha passado a ser mais ágil e a se movimentar pelo campo de maneira mais veloz e inteligente nos anos seguintes.

O jogo acabou e apertei o *pause*. Com certeza, o Bayern não havia atropelado o Rangers, e ganhou como também poderia ter perdido (Maier fez uma defesa incrível contra Hynd, com 0 a 0 no placar). Mas o Beckenbauer que eu tinha visto não era passível de qualquer crítica. Era de uma magnitude desproporcional, como eu certamente nunca observara em um zagueiro. De qualquer forma, Segurola havia falado das três Copas dos Campeões, e não daquele primeiro título continental de 1967, e tudo o que ele dissera se referia a um Bayern de muitos anos mais tarde. Na verdade, seriam sete temporadas entre a Recopa de Nurembergue e a disputa da primeira das três finais dos anos 1970: a de 1974, contra o Atlético de Madrid, em Bruxelas. O DVD duplo já estava me esperando.

13. Tarde de inverno em Munique
(Franck)

Enquanto voava até Munique, abri o primeiro dos jornais que a Lufthansa oferece a seus clientes. Fui direto para a seção de esportes, onde topei com um artigo sobre Thomas Tuchel, que algumas horas mais tarde ensinaria o caminho para competir com o Bayern de Guardiola. Os dois representavam a nova era do futebol alemão. Junto desse artigo, encontrei uma coisa que parecia menos interessante, pelo menos à primeira vista: o diretor esportivo da seleção alemã, Oliver Bierhoff, havia anunciado a construção do primeiro Centro de Alto Rendimento da Federação. Li que na Espanha, na França e na Inglaterra já existiam centros similares e que Bierhoff tinha lutado muito por sua construção durante sete anos. A partir de agora, já não se poderá atribuir ao acaso o fato de a Alemanha produzir uma geração de jogadores tão boa quanto a atual. Nós gostamos das coisas assim: seguras, trabalhadas, preparadas. Além disso, dessa forma se fechava um ciclo: aquilo que havia começado com Rangnick no *Aktuelle Sportstudio* encontrava uma resposta do ponto de vista estratégico e institucional.

Quando aterrissamos às oito da manhã em Munique, eu só tinha dormido uma hora e meia. Conheço bem a capital bávara, mas quando cheguei me senti como um estranho. Nunca tinha voado para a cidade saindo de Barcelona, e a chegada ao aeroporto me chocou. Com o sono de quem tinha dormido pouco, procurei pela saída. Mas não conseguia me encontrar: estava tão perdido que até o fiscal da aduana interpretou minha saudação como uma tentativa de distraí-lo e pediu meu passaporte. Desculpou-se por atrapalhar meu café da manhã — eu comia um pão doce com chocolate, cortesia da Lufthansa, que alguém tinha deixado na poltrona — e me perguntou de onde eu vinha e o que pretendia fazer em Munique. Fui liberado rapidamente, mas desembarquei carregando a estranha sensação de, pela primeira vez, ter sido revistado em um aeroporto da zona Schengen, de ter sido inspecionado pela primeira vez na vida pela polícia alemã. Será que tenho tanta cara de gringo que nem pessoas da cidade que foi minha casa por tantos anos escapam da dúvida?

Já não me senti tão gringo quando comprei o bilhete do trem que vai até o centro, pois perdi pouco tempo diante das sempre enigmáticas máquinas da Deutsche Bahn. De repente, escutei uma garota lamentando: "Que burra! Como é possível que eu não consiga comprar um simples bilhete de trem?". Reparei em seu rosto de princesa balcânica. Ela falava o dialeto muniquense, com o erre labiodental, algo comum entre os balcânicos de primeira ou segunda geração que vivem em Munique. Sentamos juntos na S-Bahn. Quando comecei a falar com ela, a sensação de ser um estrangeiro em meu próprio país desapareceu. Ela me contou que tinha voltado a Munique vindo de Sófia, onde viviam alguns parentes. Gostava do P1, a casa noturna mais cara da cidade, onde alguns jogadores do Bayern costumavam ir. Quando lhe perguntei, em russo, se entendia o idioma de seus irmãos eslavos, ela me respondeu, sorrindo, que parecia búlgaro falado por bêbados.

Quando a jovem desceu em Moosach, eu estava indignado. Não sei se por causa do comentário sobre o russo ou porque ela frequentava o P1. (Ou seria porque ela tinha me contado que ia largar a faculdade de direito — que acabara de começar, depois de três anos sem fazer nada — para se inscrever no curso de formação profissional de um banco?) Para piorar, ainda tivemos uma conversa que estragou por completo sua aura balcânica. A coisa era mais ou menos assim:

Gol da Alemanha

sua meia-irmã chegaria a Munique poucas horas depois, e ela não queria esperá-la no aeroporto; a outra que se virasse para pegar o trem. Depois ainda disse que, no caso dela, sempre tinha alguém para buscá-la de carro. Definitivamente, às vezes não vale a pena puxar assunto com uma garota bonita. É melhor que ela continue sendo uma princesa inatingível na sua imaginação que descobrir que sua musa tem um cérebro de ervilha. Mas isso é Munique. Por fim, concluí que só mesmo com Phillip eu não me sentia um gringo.

Horas mais tarde, Phillip e eu fizemos o que sempre fazíamos quando nos encontrávamos. Tínhamos nos conhecido jogando futebol na faculdade e, com o tempo, acabamos ficando amigos. O futebol acabou se transformando no nosso elo quando a distância nos separava. Por isso, todas as vezes que nos vemos, jogamos futebol, em homenagem ao início da nossa amizade.

Daquela vez, jogamos no Soccer Five. O antigo ginásio de patinação dos Jogos Olímpicos de Munique em 1972, hoje em dia, conta com vários campos de grama sintética. Jogamos durante uma hora e meia com gente de vários países, que Phillip conhecia de campeonatos de torcedores. Depois, voltamos todos juntos à estação de metrô e aproveitamos o cálido entardecer passeando pelas ruas vestidos apenas com nossas camisas de futebol, um acontecimento raro em meados de março na Alemanha. De repente, o passado e o presente se misturaram. Quando chegamos perto da estação, estávamos rodeados por milhares de torcedores. Eles voltavam do Olympiastadion, o antigo campo do Bayern. Era 1993, e o Bayern acabara de ganhar do Werder Bremen. Aquele foi o primeiro jogo do Bayern que vi no estádio. Uma lembrança inesquecível que, por instantes, pude reviver naquela tarde de março.

Quando o trem entrou na estação Scheidplatz, meus companheiros começaram a falar da boa fase do Bayern e das perspectivas da Alemanha na Copa do Mundo do Brasil, e meu devaneio foi interrompido. Em seguida, o silêncio voltou a reinar até a estação de Sendlinger Tor, onde todos desceram, menos Phillip e eu. Queríamos ir a um bar para ver o jogo do Bayern, mas descobrimos que estava lotado. Acabamos nos sentando no fundo de um restaurante de estilo bávaro, com suas mesas enormes e também repleto de torcedores. Gostamos de ver como resistia o time do Mainz. A ideia de um empate ou derrota do Bayern nos dava calafrios. O que aconteceria se o vilão russo matasse James Bond em algum filme? E se o time de Thomas Tuchel ganhasse aquele jogo? O gol de Schweinsteiger aos 37 do segundo tempo deu um fim aos nossos pensamentos sádicos. Depois do jogo, andamos de volta até a casa de Phillip. A carta que eu escrevera para Axel algumas semanas antes me parecia muito forte. Perguntei a Phillip se ele estava de acordo com a teoria da Alemanha trabalhadora, um país que acreditava que a luta e o esforço eram os únicos recursos de sua honestidade. Ele disse que sim.

"Você lembra quando Erich Ribbeck quis instaurar a *Viererkette* no Bayern ao ser contratado, em 1992?", perguntei. "Sim, até o chamaram de *sir* Erich Ribbeck. Aliás, sabia que ele era o treinador do Bayer Leverkusen que ganhou a final da Copa da Uefa de 1988, contra o Espanyol de Barcelona, onde você vive agora?", ele perguntou. "Eu realmente não me lembrava", reconheci. "O que eu sei é que ele foi treinador de 1965 até 1988, sem interrupção. Cinco anos no Eintracht Frankfurt, outros cinco no Kaiserslautern. E depois foi assistente do Jupp Derwall na seleção", comentei. "Exato. E foi campeão da Europa em 1980 e vice-campeão do mundo em 1982", concluiu Phillip. "Mas com a derrota pra Espanha na Eurocopa de 1984, ele foi posto no olho da rua, e o Derwall também", acrescentei. "E Beckenbauer virou o novo técnico, com o apoio do *Bild*." Seis anos depois, Beckenbauer ganharia a Copa do Mundo.

Passamos por Theresienwiese, o parque onde todos os anos se celebra a famosa Oktoberfest. Sentamos em um banco e, de repente, os olhos de Phillip brilharam. "Pál Csernai não usou marcação por zona no Bayern?" "Isso foi nos anos 1970!" Phillip insistiu: "Talvez o modelo já existisse na Alemanha, e Rangnick apenas o tenha recuperado nos anos 1990…". Interessante. "Você se lembra de Wolfgang

Frank? Quando ele treinou o Mainz, já jogava com a *Viererkette*", eu disse. Phillip procurou na internet e viu que Wolfgang Frank havia treinado o Mainz entre 1995 e 2000. Soltei um grito de surpresa: "Klopp foi jogador do Mainz naquela época! Onde Wolfgang Frank jogou?". "Frank jogou no Alkmaar em 1974. Estava na Holanda na época do Ajax de Cruyff!", replicou. "Acho que outro personagem--chave em toda essa história", continuou Phillip, "é o Branko Zebec."

Phillip procurou informações sobre o treinador croata e me contou que Zebec começou a usar a marcação por zona e a pressão da *Viererkette* no Eintracht Braunschweig em meados dos anos 1970. Parece que, enquanto os outros times insistiam na marcação homem a homem, o Braunschweig esteve perto de ser campeão alemão em 1977 com o novo sistema. Seu estilo influenciou Wolfgang Frank, que por sua vez influenciou Klopp, Torsten Lieberknecht e Christian Hock. Meus olhos brilharam: "Onde Tuchel jogou?". "Thomas Tuchel jogou no SSV Ulm 1848", pesquisou Phillip. Fiquei emocionado. E ainda mais quando ele disse: "Jogou entre 1994 e 1998". Eu perdi a respiração, mas consegui recuperá-la para gritar: "Com Ralf Rangnick como treinador!". "Dois técnicos, ao mesmo tempo, em lugares diferentes: Frank no Mainz e Rangnick no Ulm." "Não pode ser. Dois técnicos que, cada um no seu canto, encontraram o estilo do futuro?" "Não é verdade. O caminho já estava pavimentado pelo Erich Ribbeck no Bayern, o Branko Zebec no Braunschweig e depois no Hamburgo, e o Ernst Happel, que em 1981 substituiu Zebec no Hamburgo, muito antes de Frank e Ralf", disse Phillip, corrigindo-me.

Ficamos em silêncio e respiramos um pouco. Olhávamos as árvores que separam o Theresienwiese da rua. "Então, por que Rangnick imaginou uma revolução? Por que riram dele?", perguntei. "Porque fomos campeões do mundo com Klaus Augenthaler jogando de líbero", respondeu Phillip. "O que Beckenbauer disse depois de ganhar o título de 1990? Que a Alemanha ia ser invencível por muitos anos, porque tinha passado a contar com os jogadores do lado oriental."[17] "Também tinha o Berti Vogts", continuou meu amigo. "O mesmo Vogts que pediu, nos anos 1990, que fossem criados centros de formação futebolística", disse Phillip. "E riram dele, dizendo que, se eram os campeões do mundo, não havia necessidade de inventar nem mudar nada. Por outro lado, a França fez uma revolução depois de não conseguir se classificar para a Copa de 1990", lembrei. "Mesmo sendo campeã da Eurocopa de 1984", concluiu Phillip.

Começou a chuviscar. Terminava um fim de semana de temperatura amena e chegava o frio. No dia seguinte, passaríamos de dezessete para quatro graus. A Alemanha é assim — quase como a Sibéria, onde as temperaturas podem passar de vinte graus a dez negativos em menos de uma hora. Levantamos para ir até a casa de Phillip. Quando passamos pela Goetheplatz, com seu cinema de sempre, vieram à minha cabeça recordações daqueles tempos antigos em que eu ainda acreditava nas histórias de Hollywood. Não pude evitar lembrar-me de Leni Riefenstahl, que depois de sua fase nazista ganhou fama na indústria cinematográfica de Los Angeles.

Eu disse a Phillip: "Sabia que, nos anos 1920, os jogadores do Schalke, por usar um sistema diferente, não brilhavam na seleção alemã?". "Claro. Eles tiveram que contratar austríacos para executar seu plano de jogo." "E o treinador da seleção, Otto Nerz, preferia o sistema tradicional, não confiava no estilo de jogo do Schalke." Então, Phillip perguntou: "Acha que aconteceu a mesma coisa na Alemanha nos anos 1980 e 1990?". Tentei responder: "Os anos noventa foram estranhos. Ganhamos alguma coisa, mas jogávamos mal, principalmente a seleção. Naquela época, todo mundo já pressionava no campo do adversário, marcava por zona e defendia com uma linha de quatro, sem líbero. Só a Alemanha seguia o caminho idealizado por Franz Beckenbauer. Na verdade, alguns dos êxitos que tivemos naquela época, como a Champions do Borussia Dortmund em 1997,

---

17 FOI EXATAMENTE EM 1990 QUE A REPÚBLICA FEDERAL DA ALEMANHA SE ANEXOU À REPÚBLICA DEMOCRÁTICA ALEMÃ. (N. A.)

foram conquistados com jogadores que já tinham sido expostos a novas ideias. Repare: Andreas Möller, Matthias Sammer, Karl-Heinz Riedle, Stefan Riedel e Jürgen Kohler, todos campeões do mundo em 1990 e da Champions em 1997, tinham jogado na Itália, onde puderam conhecer as ideias de Sacchi". Phillip concordou. Caminhamos mais alguns metros em silêncio e finalmente chegamos à casa dele. "Sabe o que eu li esta manhã no avião?", comentei, enquanto subíamos a escada. "Que a Federação vai construir um Centro de Alto Rendimento." "É muito significativo que tenham demorado tanto", disse Phillip, enquanto abria a porta.

14. Dissecando o tricampeão da Europa
(Axel)

Havia chegado o mês de abril. E com ele, o horário de verão europeu, as tardes em que o sol demora a se pôr, as quartas de final da Champions, o hino das estrelas ressoando em um céu que resiste a escurecer. Com o mês de abril, vinham os clássicos europeus de sempre: um Manchester United × Bayern de Munique, por exemplo. Como o de 1999 em Barcelona, quando Solskjær e Sheringham fizeram Kuffour ir às lágrimas — Matthäus não chorou, porque era um homem duro e cascudo, mas foi por pouco.

Desta vez, no entanto, o Bayern chegava a Old Trafford representando a quinta-essência do futebol moderno, aquele que domina e faz você correr, obriga-o a perseguir sombras e o aniquila movendo a bola incessantemente, quando você acreditava que sua força o tornava imune às novas ideias. Era David Moyes contra Pep Guardiola: o homem de Glasgow — que os treinadores britânicos clássicos viam como a última esperança de resistência à crescente imersão das vanguardas europeias nos campos do Reino Unido — contra o catalão perfeccionista — como Pep era chamado pela imprensa alemã —, que havia levado ao ápice o processo de transformação de um clube buscando exatamente evitar a repetição do que acontecera naquela tarde de 1999 em Barcelona. Era difícil imaginar algum outro duelo de estilos tão distintos, não fosse pelo fato de, um dia antes, a poucos quilômetros de Manchester, terem se enfrentado o Everton de Roberto Martínez e o Fulham de Felix Magath.

Moyes pensou a estratégia do jogo como se ainda fosse o técnico do Everton: consciente de que era inferior e aproveitando que ninguém poderia acusá-lo de estar apenas se defendendo. O Bayern teve a posse da bola, jogou quase o tempo todo no campo do adversário, e Guardiola discutiu na entrevista coletiva com um jornalista do *Guardian*, que interpretou que Pep havia criticado Moyes quando disse que "é difícil jogar contra um rival que coloca nove homens permanentemente atrás da linha da bola". Pensei que seria divertido fazer um teste: pegar a final da Copa dos Campeões de 1975, entre Bayern e Leeds United, em Paris, e comparar como soava a palavra "Bayern" quando pronunciada pelos jornalistas ingleses na época e como soava agora.

Admito que, quando ouvi Segurola falar sobre as vitórias injustas do supervalorizado Bayern dos anos 1970, pensei que se tratava de exagero dele e que seu discurso tinha muito a ver com sua insatisfação diante das críticas de Beckenbauer ao estilo de jogo de Guardiola, que o alemão havia chamado de monótono. Mas, depois de ver pela primeira vez a partida inteira entre Leeds e Bayern, ficava muito difícil não concordar: foi um banho inglês, com um final inexplicável.

É verdade que algumas circunstâncias podiam justificar a precaução extrema com a qual o Bayern encarou aquela final de 1975. Paul Breitner tinha ido para o Real Madrid no verão anterior, e Uli Hoeneß se machucou ainda no primeiro tempo. Os dois tinham sido peças-chave na equipe que vencera o Atlético de Madrid um ano antes, quando os bávaros ganharam sua primeira Copa dos Campeões, em Bruxelas. De fato, temos de voltar àqueles dois jogos contra os *colchoneros* para começar a análise do Bayern tricampeão. Um Bayern que lidava com conceitos táticos praticamente indecifráveis para qualquer espectador — e aqui me incluo — que tivesse sido educado futebolisticamente no sul da Europa, a partir dos anos 1990. Não havia desculpa: nem a óbvia má qualidade da imagem de uma fita antiga, nem a complicação de ter de identificar jogadores que eu não estava acostumado a ver, nem mesmo a ausência de câmeras aéreas que facilitassem o reconhecimento dos esquemas táticos. Os minutos passavam e eu não conseguia rotular o esquema dos bávaros contra o Atlético de Madrid. O que era aquilo?

As fichas do jogo colocavam Breitner como lateral esquerdo, mas ele estava em toda parte. Não dava para chamar de lateral esquerdo um jogador que se oferecia para sair jogando às vezes à direita de Beckenbauer, outras à esquerda, que acabava indo atuar como meia e que constantemente não voltava para a defesa. Mas não era só o Breitner. Em que posição jogava Rainer Zobel? Na verdade a pergunta era outra: qual era o objetivo daquele Bayern no jogo? Por que as fichas técnicas apresentavam o time num 4-4-2? Porque tinham de chamar aquilo de alguma coisa, suponho. Mas não era nada que nós, atualmente, estivéssemos preparados para entender. Angustiado, com o terceiro café nas mãos e um caderninho cheio de garranchos e correções, lembrei-me de uma frase de Juan Carlos Garrido, ex-técnico do Villarreal, que uma vez foi à TV comentar um jogo com a gente e disse algo como: "Hoje em dia parece que os esquemas táticos precisam ser claríssimos para que os espectadores possam reconhecê-los. Ou 4-4-2, ou 4-3-3... Parece que, se não forem muito claros, não servem. Mas espera aí! O que queremos fazer, muitas vezes, é confundir o rival. Se você usa sistemas mais difíceis de decifrar, o adversário terá uma dificuldade extra".

Depois de assistir ao primeiro jogo, que acabou 1 a 1 com o famoso chute de Schwarzenbeck no último instante, neutralizando o golaço de falta de Luis Aragonés, tentei fazer uma espécie de resumo. Minha teoria final foi a seguinte: eram três defensores — um, Beckenbauer, que não fazia marcação individual, e outros dois, Schwarzenbeck e Johnny Hansen, com marcações específicas. Em praticamente todos os lugares em que se possa consultar algo sobre esse jogo, Schwarzenbeck estará indicado como zagueiro central e Hansen como lateral direito. Na verdade, o que acontecia

Gol da Alemanha

era que o homem a ser marcado por Schwarzenbeck era o centroavante do Atlético, José Eulogio Gárate, e o de Hansen era José Armando Ufarte, que era um ponta, jogando sempre aberto pela direita. Sendo assim, Hansen passou quase todo o jogo na zona do teórico lateral esquerdo, enquanto Breitner se movimentava por áreas menos ocupadas.

As marcações individuais ficaram muito claras: os atacantes eram seguidos por todo o campo e os zagueiros não desgrudavam nem quando seus "marcados" iam para o lado oposto. Acho que só vi algo tão exagerado assim no futebol uma vez: num Argentina × Grécia, na Copa do Mundo de 2010, o jogo de despedida de Otto Rehhagel (alemão, vejam que interessante) como técnico da seleção grega. Naquela tarde, além de escalar uma linha de seis defensores, "King Otto" ordenou que Sokratis Papastathopoulos, jogador do Borussia Dortmund, fizesse uma marcação homem a homem, por todo o campo, em Lionel Messi. Foi um dos episódios mais pitorescos, do ponto de vista tático, da Copa de 2010. "Isso é coisa do século passado", comentavam os jornalistas mais veteranos. E era verdade: lembrava o comportamento de Hansen e Schwarzenbeck naquele Bayern da final de 1974.

Se admitirmos, portanto, que eram três zagueiros, poderíamos chegar a ponto de dizer que aquele Bayern jogava com três meios-campistas na segunda linha, e que eles não tinham posições fixas. Essa linha era formada por Franz Roth, o autor do gol contra o Rangers em Nurembergue sete anos antes, Paul Breitner e Rainer Zobel. Breitner, que na seleção da Eurocopa de 1972 jogava como lateral esquerdo mais convencional, nesse jogo acabou interpretando que havia mais espaços pela direita — já que Hansen marcava Ufarte —, mas seríamos muito imprecisos se quiséssemos rotulá-lo segundo os conceitos atuais. Já os pontas eram mais reconhecíveis: Jupp Kapellmann e Conny Torstensson. Uli Hoeneß se movia por trás do centroavante, que era Müller. Meu desenho foi mais ou menos este:

MAIER

SCHWARZENBECK   BECKENBAUER   HANSEN

(MARCANDO GÁRATE)   (MARCANDO UFARTE)

BREITNER   ZOBEL   ROTH

KAPELLMANN   HOENEß   TORSTENSSON

MÜLLER

Obviamente era algo bem diferente do que eu vira na final de 1967, em que as posições eram bem mais fixas e definidas. Muito tempo se passara, é claro. E o técnico havia mudado — um outro, aliás, tinha treinado o clube entre a final de Nurembergue e a de 1974. Na final da Recopa de 1967, contra o Rangers, o comandante era Zlatko Čajkovski, um croata que chegara à Alemanha em 1955, vindo do Partizan de Belgrado para jogar no Colônia, dirigido por Hennes Weisweiler, que depois se transformaria em seu "professor" na escola de treinadores. Čajkovski esteve no Bayern entre 1963 e 1968 e conseguiu, além do acesso à primeira divisão em 1965, os três primeiros títulos do clube na era moderna, que começou com a criação da Bundesliga em 1963: duas Copas da Alemanha (1966 e 1967) e uma Recopa Europeia (1967).

Udo Lattek, o treinador que conquistou a primeira Copa dos Campeões da história do Bayern com esse sistema tático aparentemente desordenado e assimétrico, só chegaria ao clube bávaro em 1970. Nesse intervalo, o Bayern continuou apostando em um croata e contratou um antigo companheiro de Čajkovski na seleção iugoslava dos anos 1950: Branko Zebec. Os alemães conheceram o Zebec treinador — o jogador eles já conheciam por sua passagem pelo Alemannia Aachen — quando ele ganhou a Copa de Feiras de 1967 com o Dinamo Zagreb, eliminando o Eintracht Frankfurt na semifinal. Ou seja: no mesmo ano em que o Bayern de Munique conquistou seu primeiro título europeu, um time balcânico evitou um *doblete* alemão nos campeonatos continentais.

Zebec ganhou a primeira Bundesliga da história do Bayern, em 1969 (e também a primeira dobradinha de Liga e Copa, porque

Gol da Alemanha | **123**

no mesmo ano ele ainda conquistou a Copa da Alemanha), mas é complicadíssimo encontrar jogos inteiros de suas duas temporadas no cargo, já que a única eliminatória europeia que o time disputou com ele foi a primeira rodada da Champions League de 1970, quando perdeu para o Saint-Étienne. Pouco tempo depois ele seria demitido, e então chegaria Udo Lattek. Levando em consideração que a saída de Zebec foi traumática e que — conforme diria Beckenbauer anos mais tarde — ela também foi provocada pela tensão na relação com os jogadores, parece lógico pensar que a ruptura entre a ordem estabelecida por Čajkovski e o caos libertário de Lattek aconteceu depois da saída de Zebec: uma mudança radical de estilo.

De qualquer forma, não podemos nos esquecer das diferenças contextuais entre aquele Bayern de 1967, em que Sepp Maier, Franz Beckenbauer e Gerd Müller tinham acabado de subir para a primeira divisão e eram estrelas emergentes — apesar da grande Copa que fez o Kaiser em 1966 —, e o que eles representavam em 1974, dois anos depois de a Alemanha ter derrotado a União Soviética e ganhado a Eurocopa na Bélgica com seis jogadores do Bayern no time titular (além dos três mencionados anteriormente, havia Schwarzenbeck, Breitner e Hoeneß). O próprio clube também tinha mudado muito. O Bayern chegava à final de Bruxelas, contra o Atlético de Madrid, dias depois de ter conquistado sua terceira Bundesliga consecutiva. O título tinha vindo na penúltima rodada do campeonato: a vitória por 1 a 0 sobre o Kickers Offenbach, somada à derrota de seu maior rival naquela época — o Borussia Mönchengladbach, que perdeu pelo mesmo placar para o Fortuna Düsseldorf —, garantiu matematicamente a conquista, apenas quatro dias antes da primeira final de Copa dos Campeões tanto dos bávaros quanto dos *colchoneros*.

Apesar de os dois times serem estreantes em jogos daquela magnitude, o Bayern chegava a Heysel como o grande favorito aos olhos de todos. Afinal, seus jogadores eram conhecidos no mundo inteiro, já que as imagens épicas da semifinal da Copa de 1970 contra a Itália, com Beckenbauer resistindo heroicamente e continuando em campo com o braço em uma tipoia, tinham rodado o planeta. Até mesmo os jogos contra o Ajax de Cruyff, no ano anterior, quando os holandeses atropelaram o Bayern rumo a seu tricampeonato europeu, já haviam tido uma repercussão notável. Depois daquele título, no verão de 1973, Cruyff foi contratado pelo Barcelona e, sem ele, o Ajax acabou eliminado na segunda fase da Copa dos Campeões de 1973/1974 ao perder para o PFC CSKA Sófia, numa das maiores surpresas da história do torneio. O caminho do Bayern, então, parecia livre — e tornou-se ainda mais aberto porque a Juventus, vice-campeã do ano anterior, fora eliminada ainda na primeira fase, contra o Dynamo Dresden, representante da Alemanha Oriental.

É verdade que o Atlético de Madrid havia jogado duas semifinais de Copa dos Campeões anteriormente (em 1959, contra o Real Madrid, e em 1971, contra o Ajax), coisa que o Bayern jamais tinha conseguido até então. E também que aquela geração, com a qual ganhou quatro Ligas e três Copas da Espanha entre 1965 e 1977, era a melhor da história do clube. Mas, em nível mundial, o time era pouco conhecido: enquanto os alemães estavam impressionando o mundo, a seleção espanhola não se classificava para nenhuma Copa desde que caíra na primeira fase na Inglaterra, em 1966.

Além disso, o jogo era em Heysel. Os campeões da Eurocopa voltavam ao estádio em que, dois anos antes, venceram a União Soviética na decisão. Eles conheciam bem aquele palco, que não era apenas familiar: era o cenário de glórias recentes, das lembranças da grande conquista. No entanto, o Atlético surpreendeu, começando a partida sem nenhum medo ou complexo, muito seguro de si mesmo. Pouco a pouco — apesar de os alemães terem iniciado com agressividade e tentando chutes de fora da área —, os espanhóis foram dominando o jogo, trocando passes com a bola no chão. Escondiam a bola para anular um adversário que tentava impor seu ritmo mais intenso.

Não dava para dizer que o Bayern era um time de ligação direta — seria uma loucura jogar pelo alto com o baixinho Gerd Müller

Gol da Alemanha

como centroavante —, mas os bávaros verticalizavam muito seus ataques, embora os elaborassem com cuidado. Jogavam de forma direta, sim, mas com critério, sem mandar a bola para qualquer lado.

Aquela, no entanto, não era a melhor tarde daquele Bayern. Seus dois homens mais adiantados acabaram desaparecendo contra um Atlético que ia alimentando sua superioridade, graças ao bom jogo de troca de passes: pelo meio, juntavam-se Irureta, Adelardo e Aragonés; pelas pontas, Ufarte e Salcedo; Gárate dava trabalho aos zagueiros rivais, e o time chegava frequentemente com a linha de zagueiros controlando a bola até o meio-campo. Nesse sentido, fiquei impressionado com o argentino "Cacho" Heredia. E não só eu: o comentarista austríaco da transmissão que comprei no eBay também gostou do que viu e não parava de repetir que ele era o melhor jogador do time espanhol. De fato, rivalizava até mesmo com Beckenbauer no que parecia um duelo entre zagueiros elegantes que davam início às jogadas.

Franck tinha vindo até a minha casa para ver o jogo. Os minutos iam passando, o Atlético era cada vez mais dono do jogo… E ele tentava justificar aquilo de alguma maneira. "Você tem que levar em consideração que o Bayern estava muito cansado. Tinha ganhado a Bundesliga no sábado anterior em um jogo muito difícil, e a partida do Atlético pela Liga foi adiada", disse-me. "A Federação Alemã nunca quis beneficiar os times que jogavam competições europeias." Aquela história me intrigou, e pude comprová-la depois. O jogo do Atlético pela última rodada da Liga Espanhola de 1973/1974, contra o já rebaixado Oviedo, foi mesmo adiado: remarcaram para a segunda-feira seguinte, oito dias depois que todas as outras equipes da Espanha já haviam encerrado sua temporada. O Barcelona já era o campeão, e a briga do Atlético era com o Zaragoza, pelo segundo lugar. O último jogo antes da final de Bruxelas tinha sido em 5 de maio, contra o Málaga. E o time também não tinha partidas pela então denominada *Copa del Generalísimo*, já que a rodada de oitavas de final, que era a primeira para os times da elite, só começaria em

25 de maio — curiosamente, o rival do Atlético naquela fase seria o Sabadell; ou seja, o vice-campeão da Europa visitou o estádio da Nova Creu Alta duas semanas depois de ter perdido para Hoeneß, Müller, Beckenbauer e companhia, algo que meu pai nunca me contara, com certeza. Então Franck tinha razão: o Bayern chegou ao jogo com apenas quatro dias de descanso, enquanto o Atlético havia tido dez.

Essa diferença talvez pudesse explicar por que o Bayern, apesar de sua suposta superioridade, decidiu ir recuando no segundo tempo, fazendo um jogo muito mais de espera. Na verdade, a forma de jogar do Atlético também surpreendeu os alemães. Em um momento da transmissão, Franck soltou uma gargalhada e me pediu para rebobinar a fita. "Ouviu o que disse o austríaco? Hahaha! Que coisa!" Voltamos a ouvir, e ficou claro que meu alemão ainda não era suficiente para entender o comentarista de sotaque vienense. "O que ele disse?", perguntei. "Ele disse que os espanhóis praticam um jogo que tem pouco a ver com as tendências modernas... Com tantos passes e frivolidades... E disse com ar de superioridade. Essa frase resume bem o que os alemães pensam do futebol espanhol." De fato, era uma frase muito na linha do que Beckenbauer afirmara em 2014, depois do polêmico Bayern × Arsenal. Não sei por que, mas a frase do comentarista me ofendeu. "Mas o Atlético está sendo muito superior. Está dando um banho. O que é a modernidade, então? A modernidade é o caos? A modernidade é não saber onde ninguém joga? A modernidade é que todos corram por todos os lados, sem sentido?"

Franck se divertia. Na verdade, ele estava vendo, quarenta anos depois, como seu time ganhou pela primeira vez a Copa dos Campeões. E estava vendo aquilo pela primeira vez na vida. No meu caso, aquele comentário acabou me fazendo torcer pelo Atlético até o fim do jogo e, de forma completamente absurda, vivi os últimos minutos da final como se não soubesse o que aconteceria. Fiquei triste com o gol de Schwarzenbeck, quando todos os torcedores *rojiblancos* já

Gol da Alemanha

127

comemoravam um título que parecia impossível escapar. Porque parecia mesmo impossível! Depois do golaço de Aragonés, o 2 a 0 esteve tão próximo... O Bayern parecia morto. O narrador austríaco já descrevia a festa: "A torcida do Atlético canta feliz pela conquista de sua primeira Copa dos Campeões". Quem estava dizendo isso era o comentarista austríaco de 1974! E, enquanto víamos o jogo, quarenta anos depois, o Atlético de Madrid continuava sem um único título no maior torneio europeu.

Franck foi para Munique no fim de semana seguinte àquele dia em que vimos o primeiro jogo da final, e decidi esperar que ele retornasse para assistirmos juntos à partida de desempate. Na verdade, enquanto isso, eu voltei a ver o 1 a 1. Foi a primeira vez de muitas. Na terceira delas, eu acabaria percebendo um interessantíssimo movimento tático de Juan Carlos Lorenzo para dominar ainda mais aquela final, aos 24 minutos do segundo tempo: tirou Ufarte, seu ponta mais puro, e colocou Becerra, outro argentino. Hansen, que estava marcando o jogador que acabara de sair, pela lógica também seria encarregado de marcar o que entrava. No entanto, Lorenzo colocou seu compatriota muito mais centralizado, deixando o lado direito sem ninguém e aproveitando as caídas de Gárate pela esquerda. De repente, o centroavante ia para a ponta, e o ponta ia para o meio. Foi um movimento ousado de Lorenzo; uma mudança que tentava especialmente confundir Schwarzenbeck e Hansen; uma mexida que teve muito a ver com a sensação de superioridade física que o jogo mostrava. Talvez essa superioridade do Atlético não seja tão evidente se contarmos todos os 120 minutos de jogo; mas a partir daquela mudança, ficou muito evidente.

Franck voltou na segunda-feira e marcamos de nos encontrar à noite. Como tantas outras vezes, cheguei atrasado. Ele estava me esperando na mesa de sempre, talvez na mesma mesa em que tudo havia começado: onde as aulas de alemão se transformaram em um estranho exercício que tentava desenvolver uma teoria evolutiva sobre o futebol alemão. Em sua viagem-relâmpago à Baviera de sua adolescência, ele havia falado muito com amigos sobre o Bayern do passado e tinha muitas coisas para me contar. "Nada é como pensávamos!", exclamou, e na sequência começou a recitar dados de treinadores antigos, influências estrangeiras e linhas temporais que me deixaram tonto logo de cara. "Tive uma segunda-feira duríssima, Franck. Passei duas horas em uma universidade falando sobre Jogos Olímpicos da Antuérpia em 1920. Vamos assistir à final e você me conta isso outro dia." De repente, meio que por acaso, minha vida estava cheia de jogos de futebol que aconteceram antes que eu tivesse nascido. E, pela primeira vez, lamentei profundamente que meu avô paterno tivesse morrido em 1986.

"O tanto de tempo que vocês teriam passado falando de futebol...", repetia minha avó, sempre, todas as terças-feiras, enquanto nos servia a comida entre os móveis velhos e as fotos em preto e branco de seus porta-retratos cor de prata. Fotos de quando meu avô jogava, no início do século xx... Já se falava de esquemas e posições fixas, de marcação homem a homem ou de linhas de quatro? Que leitura tática ele teria feito da final de 1974? Meu pai, que havia assistido àquela final junto dele, poderia saber a resposta. "Lembro que Luis fez um gol", foi a única coisa que ele me disse, alguns dias depois, quando nos encontramos para ver Barcelona × Atlético e Bayern × Manchester United, na mesma noite, com *colchoneros* e bávaros avançando para as semifinais. Era a primeira vez que o Atlético chegava tão longe desde que alcançara aquela final, quarenta anos antes. Obviamente, a transmissão da tv mencionou o precedente, e encontrei a desculpa para perguntar a ele como tinha sido ver aquele jogo ao vivo, aquele mesmo jogo a que eu, dias antes, assistira com toda a distância que quatro décadas podem criar.

O resultado explica por si só, mas o Bayern daquela sexta-feira, 17 de maio de 1974, foi bem diferente do Bayern da quarta-feira, 15 de maio de 1974. Tudo foi muito diferente, na verdade. Alguém poderia dizer isso influenciado pelo fato de saber o resultado, mas as primeiras imagens da transmissão da tv já mostravam um clima de

Gol da Alemanha

decadência, quase de ressaca daquele primeiro jogo, dois dias antes. Havia mais ou menos a metade do público nas arquibancadas do estádio de Heysel, que não estava nem perto de ficar cheio. Muitos torcedores que foram a Bruxelas para acompanhar a decisão tiveram de voltar às suas cidades de origem. Certamente, poderiam encontrar ótimas desculpas para faltar ao trabalho dois dias, mas faltar quatro ou cinco era algo impossível. Dos 48 722 que assistiram no estádio ao duelo com os gols de Luis Aragonés e Schwarzenbeck, apenas 23 325 voltaram a Heysel para a sexta-feira do 4 a 0. Uma grandiosa final de Copa dos Campeões, com apenas meio estádio ocupado. Parece uma coisa sem o menor sentido. E não tinha mesmo. Poucos anos depois, a Uefa substituiu o jogo extra pela decisão por pênaltis. Na verdade, aquela final entre Atlético e Bayern tornou-se a única final de Copa dos Campeões em todos os tempos a ter precisado de dois jogos — e de mais de um dia — para coroar um campeão.

A tarde era cinza, o ambiente frio, e o Bayern possivelmente se sentiu como se estivesse no inverno de Munique, fazendo seu melhor jogo. Entrou em campo ainda com a euforia pelo gol de Schwarzenbeck correndo no sangue. Talvez o grande mérito dos alemães tenha sido manter, durante as 48 horas de espera, a excitação provocada por aquele momento, quando o time renasceu depois de já ter sido dado como morto. Sempre ouvi que, no Atlético, o segundo jogo produziu exatamente o efeito contrário. Mas, embora jamais tenha exibido na sexta a superioridade que demonstrara na quarta-feira, o certo é que o time espanhol atuou com muita dignidade e só desistiu mesmo quando levou o 3 a 0, aos 24 minutos da segunda etapa. Até esse momento, jogou de igual para igual, e foi essa fé em suas chances de vencer — mesmo com a tarde inspiradíssima de Hoeneß e Müller — que fez o Atlético correr todos os riscos em busca da reação. O terceiro do Bayern, um golaço do Torpedo, com os *colchoneros* já completamente abertos e expostos aos contra-ataques, este sim, foi um golpe duro demais.

Tanto Müller quanto Hoeneß haviam passado praticamente despercebidos no primeiro duelo. O Bayern quase não conseguiu encontrar seu artilheiro em campo, graças à marcação muito eficaz de Heredia. Já Uli, na época um jovem loiro e magro de 22 anos, que Lattek contratara em 1970 recém-entrado na idade adulta, até tinha visto a bola, mas cometia erros grotescos sempre que conseguia tocá-la — Hoeneß, antes de ir para o Bayern, jogava no futebol amador de... Ulm! Sim, Hoeneß havia nascido em Ulm, a cidade em que Rangnick começou sua revolução. "Por que Hoeneß é tão idolatrado? Que jogador medíocre!", comentei com Franck, enquanto assistíamos ao primeiro jogo. A verdade é que eu estava decepcionado e tinha caído nessa armadilha fácil que é avaliar um jogador, em toda a sua complexidade, depois de ver apenas uma partida. Naquela noite de segunda-feira, enquanto víamos a segunda final de Bruxelas, Franck ria e me lembrava da frase a cada cinco minutos. Uli revelava-se, diante de meus olhos, um meia-armador de movimentos rápidos e ideias inteligentes, com uma visão de jogo genial e grandes mudanças de ritmo. A boa imagem deixada pelo Atlético dois dias antes — e mesmo no segundo jogo, até levar o terceiro gol — acabou se esvaindo diante da impecável contundência de um resultado que coroava o Bayern campeão da Europa pela primeira vez. A geração dourada, a que havia conquistado o primeiro título continental com aquela Recopa diante dos Rangers sete anos antes e já fora coroada na seleção em 1972, alcançava o título que lhe faltava para se transformar em lendária. O sistema tático das marcações individuais e das posições aparentemente caóticas havia vencido.

"Não dá pra dizer que o Bayern não mereceu ganhar aquela Copa dos Campeões", disse-me Franck alguns dias mais tarde, depois de termos visto as três finais. "Está claro que, contra o Leeds e o Saint-Étienne, não... Mas contra o Atlético, sim." É verdade que, analisando os dois jogos, o Bayern foi superior, mas, para mim, o Atlético deveria ter ganhado o primeiro jogo. E, se tivesse vencido o primeiro, não existiria o segundo.

Gol da Alemanha

"Eu não acho que o Atlético tenha sido melhor no primeiro jogo. Teve mais a bola, sim, mas também não criou tantas situações de perigo. Acho que o primeiro jogo foi bem parelho", disse Franck. Sua opinião era parecida, de certo modo, com a do comentarista austríaco, e é verdade que, ao ver o jogo outra vez, anotando os chutes a gol das duas equipes, percebi que foram mais disparos dos bávaros que dos madrilenhos. Mas que tipo de chutes? Era o número de chutes que deveria decidir quem mereceu ganhar? O jogo não havia acabado com a sensação de que o Atlético tinha sido melhor? Em Franck, consegui reconhecer um pouco da raiz das críticas feitas por Beckenbauer em 2014 ao Bayern de Guardiola. As diferenças culturais se manifestavam com clareza em nossa visão distinta da final de 1974 (basicamente sobre a primeira parte, a do 1 a 1). No entanto, não houve cultura ou mentalidade diversa que nos provocasse julgamentos diferentes sobre o que aconteceria nos dois anos posteriores. Especialmente, o ano seguinte: 1975.

É difícil explicar como o Bayern ganhou aquela final de Copa dos Campeões. E é aí que nos damos conta de quanto um resultado — que teve muito pouco a ver com o que foi o jogo — acaba influenciando na memória que teremos de um time e do lugar que aquele time ocupa na história do futebol. Como lembraríamos do Bayern, o hoje aclamado tricampeão, o time das três Copas dos Campeões seguidas, se tivesse perdido aquela final para o Leeds, como parecia que iria acontecer? O projeto teria continuado? O time teria chegado à terceira final depois de ter ficado em décimo na Bundesliga e ser atropelado pelo Leeds em Paris? Mas não: o Bayern venceu uma das finais com o desfecho mais inacreditável de todos os tempos e, no fim das contas, o que fica nas epopeias de transmissão oral, que passam de pai para filho, é que o time de Beckenbauer ganhou três títulos seguidos e dominou a Europa.

O fato é que, em dezembro de 1974, sete meses depois da vitória em Bruxelas contra o Atlético, pouca gente teria se aventurado a dizer que o Bayern seria campeão europeu naquela mesma temporada.

Ao perder por 1 a 0 para o Hamburgo, diante de 57 mil pessoas no Volksparkstadion e com todas as suas estrelas em campo, o time bávaro chegava à pausa de inverno da Bundesliga na décima quarta posição, a sete pontos do líder, o Borussia Mönchengladbach, que acabaria ficando com o título. Textos da época dizem que o time estava pouco motivado e muito complacente, um problema clássico de equipes vitoriosas depois de terem cumprido seus objetivos. Mas o extraordinário daquele Bayern é que, mesmo estando em decadência, ganharia mais duas Copas dos Campeões.

Imagino que, para Franck, tudo aquilo pareça muito alemão: o time que vence depois de perder o encanto inicial, que ganha mesmo após a motivação de vencer pela primeira vez já ter desaparecido. A diretoria, ao que parece sob influência de Beckenbauer, tomou a decisão de tentar mudar o rumo das coisas, contratando Dettmar Cramer para substituir Udo Lattek. Beckenbauer e Cramer se conheciam muito bem, já que o último — que nunca havia dirigido um clube — tinha sido auxiliar técnico da seleção alemã durante todo o período em que o histórico Kaiser vivera na equipe: desde sua estreia, em setembro de 1965, até o título mundial, em 1974. Poucos meses depois daquela conquista contra a Holanda em Munique — a vitória que enfim realizava todos os sonhos possíveis para a geração liderada por Maier/Beckenbauer/Hoeneß/Müller —, Cramer, que tinha abandonado a seleção após cumprir o objetivo de ganhar a Copa, aceitaria o convite do Bayern para substituir Udo Lattek, que também trabalhara muitos anos, ainda que por menos tempo, como auxiliar de Helmut Schön na *Nationalmannschaft*.

Analisando as três finais, uma depois da outra, ficava bem claro que Lattek e Cramer tinham feito parte do mesmo projeto. É verdade que Cramer introduziu algumas variações interessantes: fez Gerd Müller recuar bastante — tanto que, em muitos momentos das duas finais, ele parecia mais um meio-campista que um atacante — e deixou Uli Hoeneß na ponta direita. Apesar desses detalhes, alguns deles forçados por circunstâncias imprevistas, a verdade é que a ideia tática do time

Gol da Alemanha

era muito parecida e tornava evidente que os dois treinadores vinham da mesma escola. Paul Breitner tinha ido para o Real Madrid — algo que também contribuiu para deixar o time mais fraco — e, por isso, a figura do jogador extremamente dinâmico e anárquico, capaz de aparecer em todos os lugares e desequilibrar o jogo com longuíssimas arrancadas, tanto na diagonal quanto na vertical, já não existia mais.

Sendo assim, pode-se dizer que, na final de 1975, o Bayern (que teve de substituir Björn Andersson aos quatro minutos, depois de uma entrada dura de Terry Yorath) jogou deste modo:

MAIER

ANDERSSON   SCHWARZENBECK   BECKENBAUER   DÜRNBERGER

ZOBEL   ROTH

KAPELLMANN   HOENEß   TORSTENSSON

MÜLLER

Mas esse desenho duraria pouco. A lesão do lateral direito sueco, que o Bayern tinha contratado depois de vê-lo em ação na Copa de 1974, na Alemanha, mudou o restante do jogo. O Leeds United usava o clássico esquema inglês, que virou moda depois da Copa de 1966: um atacante fixo e outro mais móvel; um ponta aberto e, no lado oposto, espaço livre para um meio-campista capaz de fazer bastante trabalho defensivo, mas também com qualidade para avançar. Joe Jordan, conhecido das gerações mais jovens por ter sido assistente-técnico de Harry Redknapp em vários times, era o nove fixo. De fato, um bom nove. Um atacante que ganhava muitíssimos duelos aéreos, mas que ao mesmo tempo era capaz de desmarcar-se com certa agilidade. Sua disputa física com Schwarzenbeck — que voltava a ser o encarregado de marcar o centroavante rival, como havia acontecido com Gárate no ano anterior — foi épica e, em alguns momentos, excessivamente violenta.

O jogador mais técnico daquele Leeds era o escocês Peter Lorimer, que marcou um gol histórico nas semifinais no Camp Nou, num lance que acabaria sendo decisivo para eliminar o Barcelona. Lorimer começou a final de Paris como ponta-direita, e o encarregado de marcá-lo era Dürnberger, que no ano anterior contra o Atlético havia começado na reserva e entrara para jogar muito mais adiantado (no meio-campo, na verdade). Cramer ordenou que ele ficasse colado em Lorimer e, quando o escocês abandonou a ponta para jogar mais pelo meio, Dürnberger o seguiu.

Lembremo-nos de que um dos maiores especialistas dos alemães na marcação homem a homem, Johnny Hansen, não pôde jogar aquela final porque estava doente — e o técnico acabou ficando praticamente sem defensores de ofício. Com isso, o lesionado Andersson teve de ser substituído por Sepp Weiß, um meio-campista, o que obrigou Zobel a marcar Allan Clarke, o segundo atacante do Leeds, que jogava logo atrás de Joe Jordan. Então, as três marcações individuais ficaram assim: Schwarzenbeck sobre Jordan, Dürnberger sobre Lorimer e Zobel sobre Clarke. Beckenbauer, é claro, jogava como líbero por trás de todos eles.

Cramer percebeu rapidamente que o lateral esquerdo do Leeds, o jovem Frank Gray, causava muitos problemas sempre que subia ao ataque. Sua profundidade era extraordinária, e ele se aproveitava do fato de Yorath se juntar com frequência aos dois meios-campistas, os excelentes Billy Bremner e Johnny Giles. Assim, Cramer ordenou que Kapellmann marcasse por aquele lado, como se fosse um lateral, e que Hoeneß ficasse logo à frente dele.

Então, diante de um Leeds que claramente dominava a posse de bola, jogando quase todo o primeiro tempo no campo de ataque, o Bayern apresentou a seguinte disposição tática durante vários minutos:

	MAIER		
SCHWARZENBECK	BECKENBAUER		DÜRNBERGER
KAPELLMANN	ZOBEL	WEIß	ROTH
HOENEß	MÜLLER		TORSTENSSON

E Müller jogava no campo de defesa. Na verdade, todos se posicionavam no campo de defesa, mas Müller estava cada vez mais

Gol da Alemanha

preocupado em dificultar a saída de bola do irlandês Johnny Giles, um jogador muito criativo, que em ameaçar os zagueiros Madeley e Hunter, que viveram um primeiro tempo bem tranquilo, conduzindo a bola inclusive até além da linha de meio-campo. O recuo do Bayern era, muitas vezes, exagerado — algo surpreendente, é claro, se levarmos em consideração que se tratava do campeão europeu do ano anterior, mas compreensível se pensarmos no mau desempenho do time no campeonato nacional.

O Leeds, contudo, também não havia chegado a Paris como a força dominante em seu campeonato. Na verdade, acabara em nono lugar, depois de uma temporada tumultuada em que Brian Clough tinha durado apenas 44 dias no cargo após ter substituído o bem-sucedido Don Revie, que saiu do clube para dirigir a seleção. Essa história tornou-se imensamente conhecida depois do sucesso do filme *The Damned United* [*Maldito Futebol Clube*] — baseado no excelente livro de David Peace —, que aliás sempre achei melhor do que *O discurso do rei*, pelo qual o mesmo diretor, Tom Hooper, ganharia um Oscar um ano depois. Infelizmente, a academia de Hollywood não deve gostar muito de histórias que recriam campos ingleses, autênticos lamaçais, e das disputas entre garotos que cresceram na mesma região de Middlesbrough na primeira metade do século xx e se reencontraram como treinadores dos times mais prestigiados dos anos 1970.

Curiosamente, depois de tentar com um DVD que travava muito e tinha vários minutos cortados, recebi uma segunda versão daquele jogo, em que o comentarista da final de Paris era ninguém menos que Don Revie. Era Don Revie comentando a primeira final de Copa dos Campeões do seu ex-time, com os jogadores que ele levou ao título de duas ligas, uma Copa da Inglaterra, uma Copa da Liga e duas Copas de Feiras. E ele tinha uma maneira bem peculiar de comentar: o narrador se encarregava completamente de conduzir a transmissão, e a cada vinte minutos, mais ou menos, Revie fazia um discurso de um minuto, comentando a toda velocidade, sem interagir com o locutor. Fiquei com inveja de Revie: quisera eu poder ver um jogo tranquilamente, dar uma opinião a cada vinte minutos e só voltar a me preocupar outros quinze minutos depois. Claro que eu nunca conquistei um título, e Don Revie naquela época era o técnico do momento.

Nos anos seguintes, depois do fracasso na tentativa de classificar a Inglaterra tanto para a Eurocopa de 1976 quanto para a Copa de 1978, a popularidade dele diminuiria de forma extraordinária e, num episódio que ficou famoso, Revie chegaria a vazar o próprio pedido de demissão para a imprensa antes de comunicá-lo à Federação, assinando então um supercontrato com a seleção dos Emirados Árabes enquanto ainda era, oficialmente, técnico do *English Team*. Quando ele morreu, em 1989, nenhum membro da Federação Inglesa foi ao funeral.

Mas em 1975 ninguém sabia que tudo isso aconteceria, e Don Revie estava comentando um jogo em que o Leeds United dominava as ações, criava chances, forçava o campeão da Europa a recuar e era, aos olhos de qualquer pessoa que estivesse vendo a final, tremendamente superior. No banco do time de Yorkshire sentava-se Jimmy Armfield, que substituiu Clough depois dos famosos 44 dias e que curiosamente fazia parte — ainda que não tenha jogado — da seleção inglesa campeã mundial em 1966, aquela que venceu a Alemanha Ocidental de Franz Beckenbauer na decisão. Nove anos depois, eles se reencontravam na noite de Paris. Uma noite de tensão, agressividade, irritação e violência.

Aquela final ainda hoje é lembrada em razão dos incidentes provocados pelos torcedores do Leeds United que estavam na arquibancada atrás do gol defendido por Sepp Maier no segundo tempo — a baliza em que Lorimer marcou um gol anulado por conta do impedimento de Bremner. Um gol que foi invalidado muito tardiamente e de forma bastante controversa. Antes, no primeiro tempo, o árbitro francês Michel Kitabdjian havia ignorado um pênalti claríssimo de Beckenbauer sobre Clarke. Quando em dois excelentes ataques o Bayern marcou os dois

Gol da Alemanha

gols que definiram o placar (Franz Roth chegando de trás para arrematar uma rápida ação coletiva e Gerd Müller concluindo de primeira depois de uma maravilhosa investida de Kapellmann pela direita), os torcedores do Leeds sentiram-se ultrajados e começaram a lançar objetos no gramado, com alguns inclusive tentando invadir o campo. A frustração era compreensível, porque o resultado parecia terrivelmente injusto. Mas o comportamento jamais se justificaria.

No entanto, revendo o jogo várias vezes, não se pode deixar de admirar algo que, à primeira vista, fica em segundo plano na análise do trabalho de Cramer na partida. Se é verdade que o Bayern teve muita sorte e que poderia ter pagado caro por recuar tanto e durante tanto tempo, o treinador alemão teve de lidar com duas situações absolutamente inesperadas: não apenas a lesão de Andersson, mas também a de Hoeneß, antes do intervalo. O técnico, então, colocou Klaus Wunder, um centroavante, que jogou numa posição que oscilava entre a ponta-direita e o comando do ataque. Müller tornou-se cada vez mais um meio-campista; e, de fato, quando iniciou a jogada do 1 a 0, com um passe desde o centro do campo, estava muitos metros atrás de Torstensson e Roth, que são os que concluem o lance na entrada da área. Pode-se discutir a atuação do árbitro e também é possível dizer que o Leeds teve mais méritos na partida. Mas aquele time de Cramer demonstrou uma grande virtude, que merece elogios: conseguiu se recompor após duas substituições, além de impor um plano de jogo que anulou o rival, mesmo com dois atletas mais ofensivos no lugar dos que se lesionaram.

Não foi uma tarde de espetáculo e fogos de artifício como a da segunda decisão de Bruxelas, mas pode-se considerar a partida um épico exercício de resistência de uma equipe que já estava entrando em seu ocaso, e que reagiu para vencer uma final contra um adversário mais talentoso. De fato, aquele Bayern continuava a ser um time que não fazia ligação direta e, nas poucas vezes em que atacava, começava as jogadas com passes — sempre com uma saída deliciosa, com aqueles passes de trivela de Beckenbauer, que hipnotizavam. Mas também é verdade que, sem Breitner e sem Hoeneß por mais de meia final (fora o tempo em que esteve mancando), o campeão alemão tinha menos argumentos futebolísticos para jogar de igual para igual com um Leeds que juntava Lorimer, Clarke, Giles e Bremner. Talvez esse tenha sido o grande mérito de Cramer: assumir sua inferioridade e tentar ganhar a partir dela.

Obviamente, ganhar a Copa dos Campeões valeu a Cramer sua continuidade no cargo. O título de Paris não significava apenas dobrar o número de conquistas do time na competição, mas também dava uma vaga na edição seguinte do torneio. Se tivesse perdido para o Leeds, o Bayern não teria jogado nenhuma competição europeia na temporada 1975/1976, porque foi apenas o décimo na Bundesliga e caiu na terceira rodada da Copa da Alemanha. Para Cramer, no entanto, a Copa dos Campeões não serviu apenas como combustível para seguir no cargo: ela também lhe deu respaldo para que sobrevivesse a mais um momento crítico na temporada que se iniciava. Em dezembro, outra vez, o Bayern já estava com a liga perdida. Quando começou a pausa de inverno, o bicampeão europeu estava a oito pontos (cada vitória valia dois) do Borussia Mönchengladbach, era o décimo colocado e vinha de quatro derrotas seguidas — uma delas por 6 a 0 em Frankfurt contra o Eintracht. Com Beckenbauer, Schwarzenbeck, Maier, Kapellmann e Roth no time. No intervalo, o placar já era de 5 a 0. E, de novo, quando o fim da linha parecia inevitável, quando a decomposição daquela grande equipe estava anunciada e só faltava ceder e aceitá-la com resignação, o Bayern incrivelmente voltou a ganhar a Copa dos Campeões.

Seria necessário analisar mais a fundo cada um daqueles jogos, mas, pesquisando os resultados da temporada, só se pode compreender o feito do Bayern de uma maneira: o time poupou seus esforços físicos e mentais para quando eram de fato necessários — nos jogos da competição europeia. O Bayern goleou o Benfica, venceu o Real

Gol da Alemanha

Madrid e começou a ganhar também no campeonato nacional, chegando em terceiro. A sensação era de que o grande objetivo do clube naquela temporada era tornar-se o terceiro time a conquistar o tricampeonato seguido no continente.

Daquela vez, a final seria em Glasgow. E contra o Saint-Étienne, que o Bayern havia derrotado na semifinal do ano anterior. Por algum motivo, é mais difícil conseguir uma boa cópia dessa final que das anteriores. A primeira que consegui apresentava problemas graves na imagem e não tinha comentarista. Tudo era muito psicodélico e, pensando numa perspectiva mais poética, poderíamos dizer que foi interessante ver daquela forma, pela primeira vez, o famoso Saint-Étienne dos anos 1970, com sua camisa verde e jogadores de cabelos longos e rebeldes. Aquele time que, inclusive, inspirou uma banda londrinense de pop independente. Era impossível não pensar nisso ao ver o jogo. Aquele Saint-Étienne jogava com uma rebeldia que praticamente definia o comportamento de uma geração inteira de franceses. Não é que tenham chegado a Hampden Park e atacado o Bayern — na verdade, isso o Leeds já fizera em Paris. Mas existia, no jogo dos franceses, algo muito mais despreocupado. Diríamos que havia um quê de Klinsmann naquele Saint-Étienne dos anos 1970, embora, para sermos mais exatos, ele tivesse doze anos na época; então a Alemanha de 2006 de Klinsmann é que viria a ter algo daquele Saint-Étienne. Era a ausência de medo. A jovialidade. A maneira de viver.

Ainda assim, o Bayern sentia-se mais forte naquele ano que na final anterior, contra o Leeds. De fato, depois de ver o jogo três vezes, acho que aquela final não tem nada a ver com a de Paris. Ainda que os chutes na trave dos franceses tenham entrado na história como mais um capítulo do "que poderia ter sido e não foi", o Bayern também acertou o poste no primeiro tempo, e o gol de Müller nos minutos iniciais deveria ter sido validado, porque sua posição no momento da brilhante assistência de Dürnberger era absolutamente legal.

Franz Roth dá uma entrada em Jean-Michel Larqué, do Saint-Étienne, durante a final da Copa dos Campeões da Europa de 1976.
(Foto: Rolls Press/Popperfoto/Getty Images)

O domínio do jogo foi se alternando e, se o Bayern chegou ao intervalo sob a sensação de sufoco, foi mais pelo susto de duas chances tão claras do rival do que propriamente por uma percepção de ampla inferioridade. Inclusive, pode-se dizer que o Bayern — certamente com a autoestima reforçada depois das vitórias contra o Benfica e o Real Madrid — chegou a Glasgow com a intenção de ter a bola e que, no início do jogo, teve as posses mais longas que se pode observar durante as três finais. A volta de Dürnberger ao meio-campo contribuiu para isso. Quem o vê driblando meio Saint-Étienne e dando o último passe ao mais puro estilo dos meias habilidosos pode se perguntar se de fato se trata do mesmo jogador que, um ano antes, fazia uma intensa marcação individual sobre Peter Lorimer, sem

Gol da Alemanha

nenhum tipo de participação ofensiva. E isso era uma característica muito clara do Bayern de Cramer: os defensores que marcavam os pontas jamais poderiam avançar. Beckenbauer e até Schwarzenbeck tinham muito mais liberdade para fazer isso.

Nesse sentido, o Saint-Étienne era um novo desafio em relação ao desenrolar das finais anteriores. Ao contrário do Atlético de Madrid e do Leeds United, os franceses jogavam não apenas com um, mas com dois pontas. Christian Sarramagna pela esquerda e Patrick Revelli pela direita, ambos colados à linha lateral, e quase sempre tentando a mesma jogada: encarar o marcador, lançar a si mesmos em profundidade e fazer o cruzamento para a área na segunda trave. E é preciso ressaltar que a bola ia mesmo para a segunda trave, porque muitas vezes o destinatário do cruzamento era o ponta do lado oposto, que fechava pelo meio.

Dá para imaginar que, depois de observar as impecáveis marcações de Schwarzenbeck sobre Gárate e Joe Jordan, o técnico do Saint-Étienne, Robert Herbin, tenha decidido que o trabalho de seu centroavante Hervé Revelli (irmão do ponta Patrick) seria principalmente o de manter ocupado o zagueiro central alemão. Sobre os cruzamentos, foram muito mais utilizados pela esquerda, com Sarramagna buscando Patrick Revelli, certamente porque o marcador do ponta-direita era menos experiente nas disputas corpo a corpo. Sarramagna tinha pela frente o experiente Johnny Hansen, que já era titular em 1974; do outro lado, Udo Horsmann estreava numa final europeia, jogador que um ano antes atuava em nível amador no Beckum, um time modestíssimo da Renânia do Norte-Vestfália.

Na final de Glasgow, Cramer deu muita liberdade para todos os jogadores que estavam à frente de Roth: Dürnberger, que o acompanhava no meio-campo; Kapellmann, que às vezes se oferecia na saída de bola, como se fosse lateral esquerdo, chegando a lembrar a solução que Breitner havia encontrado na final de 1974; Hoeneß, que começava as jogadas na direita, mas também ia muito para o meio; Müller, que continuava se misturando aos meios-campistas e abandonando a posição de nove; e Rummenigge, que partindo da esquerda era, aos vinte anos, a maior novidade da equipe em comparação com as finais anteriores. O esquema, que poderia parecer muito moderno por causa da linha de quatro que se formava no meio — mas, na verdade, estruturava-se assim em razão dos pontas rivais —, era mais ou menos este:

MAIER

HANSEN   SCHWARZENBECK   BECKENBAUER   HORSMANN

DÜRNBERGER   ROTH

HOENEß   KAPELLMANN   RUMMENIGGE

MÜLLER

Ao não deixar Kapellmann fixo em uma das pontas, como nas duas finais anteriores, o time ganhou muito jogo pelo meio. Sua multifuncionalidade me assombrava cada vez mais: na primeira final, jogou como ponta; na segunda, quase como lateral; na terceira, de meia-armador com liberdade de movimentos. É possível que tanto ele quanto Franz Roth sejam os coadjuvantes que mais se incomodem por terem sido ofuscados pela fama de seus companheiros mais ilustres. Sobretudo Roth, que marcou de falta o gol da vitória em Glasgow e, assim, conseguiu completar a façanha de haver marcado em três finais europeias sem ter sido atacante — longe disso. Seus gols levaram o time a títulos, mas a decisão de Glasgow exigiu muito mais dele do que as duas anteriores. Sem Zobel e Weiß ao lado, a responsabilidade de sustentar o meio-campo era muito maior. E, mais uma vez, ele se comportou como um gigante. Roth devia ser um dos jogadores favoritos da torcida do Bayern. Vê-lo puxar um contra-ataque, sozinho, com 1 a 0 no placar e nos minutos finais da partida, depois de ter marcado o gol e passado todo o jogo se atirando ao chão para roubar bolas... Aquilo me emocionava, mesmo passado tanto tempo e mesmo sem ser torcedor do Bayern.

Gol da Alemanha

"Então, ainda acha que o Bayern não mereceu ganhar nenhuma das finais?", perguntou-me Franck, uns dois dias depois.

"Acho que poderiam ter perdido todas, mas que fizeram coisas muito boas nas três. Talvez a de 1975 tenha sido a única realmente injusta. É verdade que não era um time que dominava a posse de bola. Contra o Leeds, a equipe teve a bola por pouquíssimo tempo; nos dois outros jogos, só manteve mais posse em alguns momentos. Mas acho que era um time muito bom. Tinha alternativas surpreendentes e jogadores capazes de fazer coisas bem diferentes."

"De qualquer forma, não se pode avaliar o que era aquele Bayern vendo apenas as finais", disse Franck. E ele tinha razão. Tentar conseguir mais jogos daquele ciclo de três anos passou a ser meu objetivo. Mas antes eu queria comprovar uma coisa: aquele esquema tão difícil de compreender, tão flexível e aparentemente tão caótico era usado por Helmut Schön na seleção alemã? Lattek e Cramer aprenderam com Schön?

15. Gerd Müller revisitado
(Franck)

Quanto mais progredimos em nossa investigação, mais erradas me parecem minhas ideias sobre o futebol alemão. Tenho de encarar a possibilidade de que tudo seja diferente do que eu pensava. Talvez por isso eu tenha calafrios ao ver os jogos da "era dourada".

Eu conhecia por meio de Axel a polêmica visão que alguns intelectuais do futebol espanhol têm do Bayern histórico. Se ele tivesse me falado um ano antes, eu teria ficado com raiva. Teria dito que é inveja nacionalista ou arrogância intelectual. Mas, à medida que líamos, víamos e discutíamos sobre o assunto, eu começava a pensar que seria possível que aqueles caras que eu não conhecia tivessem razão. Por isso, quando meu aluno gritou "Luis!", durante o jogo do Atlético de Madrid contra o Bayern, eu não sabia a quem ele se referia. Quando acrescentou "Aragonés", aquele nome me pareceu familiar. Ele teve de me explicar que o antigo técnico da seleção havia sido um jogador muito relevante e, além disso, era uma das figuras mais importantes do futebol espanhol. Axel ficou ainda mais emocionado quando apareceu o próprio Luis no telão, contando suas lembranças da final de 1974.

Por outro lado, eu conservava imagens muito nítidas das estrelas daquele Bayern, apesar de se tratar da primeira vez que via um jogo de Müller, Beckenbauer ou Breitner. Axel estava sentado a poucos metros de mim e, em dado momento, começou a se remexer na

Gol da Alemanha

poltrona. Sua voz era de desespero quando disse: "Não entendo a organização do time bávaro". Então ele foi buscar um caderno, escreveu números e começou a desenhar flechas e círculos. O Axel--jornalista se parecia muito com o Axel-aluno que enfrentava os verbos irregulares alemães. Perto da metade do segundo tempo, ele relaxou e passou a entender os movimentos dos jogadores do Bayern. Breitner, por exemplo, corria por todas as partes. Eu não estranhei vê-lo jogar assim. Na Alemanha, falam dele como um revolucionário, o que poderia explicar seu jogo anárquico. No início parecia caótico, mas no fim das contas era ele quem organizava o jogo. Sua ausência seria notada nas finais seguintes.

Não pude evitar uma risada quando Axel comentou que um jogador não lhe parecia, de forma nenhuma, ser o maior artilheiro alemão da história. "Esse baixinho tem umas pernas enormes!", exclamou. Meu aluno não sabia que estava repetindo naquele momento o que Tschik Čajkovski, primeiro treinador de Gerd Müller no Bayern de Munique, disse quando o viu pela primeira vez: "É muito baixinho e muito gordo! Parece um levantador de pesos. O que vou fazer com *kleines dickes Müller?*".

A frase de Čajkovski transformou Müller em um personagem de ficção. O melhor é que se tratava de uma expressão gramaticalmente incorreta — poderia ser traduzida mais ou menos como "baixinha gordinha Müller" — e somando ao sotaque balcânico de Čajkovski, que era uma figura, tornou o caso muito engraçado para o público alemão. Aquilo se repetiu tantas vezes que, no final, se tornou a descrição de Gerd Müller. A frase pegou de tal modo que passou a ser difícil imaginar um futuro grandioso para o Torpedo.

Durante o primeiro jogo com o Atlético, Axel apertou o *pause* porque queria voltar e ver um gol. Antes que eu dissesse qualquer coisa, ele me explicou: "Quero ver onde começa a jogada". Tínhamos acabado de ver o replay na transmissão da tv. "Axel, até hoje não costumam mostrar onde se inicia a jogada. Tudo costuma começar com uma perda de bola no meio-campo, mas depois só mostram o cara que roubou a bola já próximo da área do rival, dando um passe no vazio e a jogada terminando em gol. Então sempre colocam a culpa no zagueiro, mas nunca fica claro se foi um erro do meio-campista que perdeu a bola, se um passe ruim levou à perda da posse, ou se a roubada de bola é que foi a melhor ação, encontrando depois a defesa desmontada." "Mas aqui a gente analisa muito isso", respondeu Axel. "Na Alemanha, até muito pouco tempo atrás, não; e ainda hoje, o nível continua sendo muito pobre." Axel me olhou assustado.

Acho que a imagem que se tinha de Gerd Müller deve-se, sobretudo, ao costume dos comentaristas de vender o espetáculo através de simplificações tão falsas como simplórias para que o público entenda. Eu quis confirmar se essa suposta simplificação era algo que afetava apenas a mim, ou se era uma percepção geral. Mandei uma mensagem a Phillip: "Estou vendo as finais com Axel e é incrível: Müller corre muitíssimo". Ele confirmou minhas suspeitas com a seguinte mensagem: "o QUÊÊÊ?".

Alguns dias depois, decidi colocar à prova minha teoria e comecei a ver vídeos no YouTube. O padrão era sempre o mesmo: Gerd Müller. Gol. Cenas de festa e alegria. Gerd Müller. Gol. Comemorações, festa, alegria. Mas... como ele jogava? Depois de passar meia hora revivendo a história do Torpedo Müller, seria possível que eu não ouvisse uma única palavra sobre suas qualidades? E também nada sobre a construção de seus gols. Parecia um disco riscado: Müller, sempre no lugar certo na hora certa. Ninguém sabia como ele fazia aquilo, mas ele sempre estava no lugar apropriado.

Então me lembrei de um técnico que eu havia conhecido em minha modesta aventura pelo futebol de base. Uma vez, durante um treino, ele passou uns exercícios estranhos e nos deu algumas instruções que parecia ter aprendido num curso para treinadores. Falava, falava e falava... Notava-se que estava orgulhoso de sua formação, mas ninguém entendia nada daquilo. Ao ver que suas palavras não surtiam o efeito desejado, ele ficou com raiva e gritou: "Vocês têm de correr mais! Não adianta ficar balançando a bunda e tocar na bola como baixinha

Gol da Alemanha

gordinha Müller!". Hã? Mas de que raios ele estava falando? Eram os anos 1990, e ainda não existia o YouTube para procurarmos exemplos da magia do traseiro mülleriano. Nosso treinador não tinha consciência daquilo, mas com seu comentário ele nos convidou a compartilhar da sua ignorância, daquela teoria tão arraigada de que o único talento de Müller era estar sempre no lugar certo. Na verdade, era ainda pior, porque nós nunca sequer tínhamos visto ele jogar, mas já estávamos com aquelas ideias na cabeça.

Levantei-me da cama e fui até a cozinha fazer um café. Enquanto o preparava, lembrei de um garoto que jogava no time daquele treinador que nos "ensinou" sobre as principais qualidades do maior artilheiro da Alemanha. Era um daqueles caras que colecionavam camisas de futebol. O moleque tinha sobrepeso e era, com frequência, vítima de piadas dos companheiros. Ele tomava Red Bull para ter "mais força e energia" e passava o dia comendo barrinhas energéticas. Tudo para ser "melhor jogador". Mas era um cara muito metido. Em sua cabeça, ele era uma estrela, injustamente relegada ao banco de reservas. A cada cinco minutos, sua mãe plantava-se ao lado do treinador e pedia que ele colocasse o garoto em campo. Os resultados davam razão a ela, verdade seja dita. Nós sempre perdíamos, então não fazia diferença deixá-lo jogar às vezes. Quando um jogo já estava perdido, o treinador costumava colocá-lo. Então, a mãe ia e voltava na lateral do campo, dedicando-se a xingar o árbitro, insultar os rivais e animar seu filho. A verdade é que era comum que os companheiros de time viessem acompanhados de alguns pais meio loucos. Mas, em nenhum caso, a diferença entre a expectativa e a realidade era tão dolorosamente ridícula quanto no desse garoto gordo.

Na Alemanha, era muito comum que os meninos com "problemas de mobilidade", por assim dizer, jogassem como centroavantes, já que do camisa 9 não se exigia tanto sacrifício. Ninguém esperava que ele voltasse para defender e, se ele o fazia, aquilo era visto como um favor aos demais companheiros. E quando marcava, o sujeito voltava andando, cheio de pose, cuspindo no chão a cada três metros, como havia visto seus ídolos fazerem na televisão. Eu tenho certeza de que essas atitudes e crenças sobre o que significava jogar como centroavante eram, em grande parte, inspiradas em Gerd Müller. Ou, melhor dizendo, no que os alemães pensavam que Gerd Müller representava.

Enquanto minha cabeça processava esses pensamentos, meu corpo já havia deixado a cadeira de uma sacada e estava em um banco de ônibus, indo rumo a um dos locais em que se dança tango em Barcelona. A chuva anunciava a chegada das garoas de primavera. E eu me lembrei de reportagens e documentários sobre lendas do futebol. Em alguns deles, Gerd Müller falava de seu passado, mas jamais mencionava a diferença que existia entre a percepção geral que havia sobre seu estilo e suas verdadeiras características. Quanto mais eu pensava nisso, no entanto, menos eu me surpreendia: se alguém não gosta de estar no centro das atenções, como Gerd, seria mesmo absurdo lutar contra uma falsa imagem que todos os meios de comunicação projetam de você. Sobretudo se essa imagem é muito positiva. Sobretudo se o consideram uma espécie de mago.

Uma imagem do torpedo mágico não saía da minha cabeça: o gol de 1974, o que deu à Alemanha Ocidental o título de campeã do mundo contra a Holanda de Rinus Michels, em Munique. Naquele gol fantástico, uma de suas fortes pernas — a esquerda — serve como apoio para que ele faça o pivô e lhe permite um chute perfeito, rasteiro, que supera o goleiro Jongbloed.

Algumas horas depois, subi outra vez num ônibus e atravessei a noite desta cidade portuária. O ônibus fazia as curvas com perfeição, deixando-se levar pela valsa noturna da metrópole. Mas quem marcava os tempos? Era o motorista ou a melodia do motor? O compasso daquela engrenagem era tão envolvente e eu estava gostando tanto de ouvi-lo que, numa curva, girei involuntariamente — e uma idosa me olhou com cara de poucos amigos. Então, vi o reflexo de minha imagem no para-brisa e eu estava na posição "Müller 74": minha perna esquerda ligeiramente flexionada e a direita estendida, depois de ter feito um giro de quase 180 graus sobre a esquerda.

Gol da Alemanha

Gerd Müller no mágico instante em que marca o 2 a 1 para a Alemanha na final da Copa do Mundo de 1974.
(Foto: STAFF/Getty Images)

Mas minha postura era ereta demais para que eu pudesse imitar o gesto de Müller — se bem que meu professor de dança ainda assim teria me corrigido: "Mais reto. Seu esterno deve estar distendido como todo o seu corpo". Se o ônibus não estivesse tão vazio (já era muito tarde), certamente eu teria chutado algum desconhecido sem querer.

Enquanto eu pensava em tudo isso, minha perna continuava no ar. Percebi e a coloquei de volta no chão, mas a velhinha continuava me olhando de canto e seguiu assim até descer do ônibus. Depois, afrouxei a mão do apoio que tinha me permitido girar, peguei o celular e digitei as palavras "Gerd Müller" e *"taktik"* no buscador. Parecia ridículo, mas cliquei em buscar. Müller e tática. Que absurdo!

Mas, vejam só, havia resultados. O primeiro que encontrei foi o seguinte: "Gerd Müller foi mais que um artilheiro... era taticamente perspicaz". Fiquei louco. Alguém já havia percebido aquilo? Fui ver a fonte: era o Spielverlagerung.de. Claro, só podiam ser eles. Esse site coletivo — formado por dez analistas — tem como proposta estudar aspectos táticos do futebol. É a referência máxima nesse assunto e, de fato, um dos poucos veículos na Alemanha que se dedicam a analisar o jogo de um ponto de vista mais estratégico.

Nos outros resultados da busca não havia nada de muito útil — um político alemão, algo sobre a seleção, um perfil em um site de vídeos, uma oficina mecânica —, então voltei a ler o artigo daqueles dez especialistas do futebol alemão. Quando terminei, escrevi um e-mail para Axel e uma mensagem para Phillip. O e-mail para Axel dizia: "Müller não era centroavante. Era um falso seis, sete, oito e nove". A mensagem para Phillip era mais direta: "Gerd+Müller+taktik+Spielverlagerung. de" e nove *emoticons* que demonstravam consternação.

O artigo do site Spielverlagerung começava com a definição do apelido oficial de Müller: "Torpedo. Provocar danos infinitos, realizar ataques com violência pura em vez de atuar com habilidade ou precisão". Os dez especialistas não gostavam do apelido de Müller porque achavam que não fazia justiça ao jogador. Ainda que de forma alguma negassem seu instinto de centroavante. Mas, realmente, por que ele sempre estava no lugar exato onde a bola caía? Pura sorte? Oportunismo? Ou se tratava simplesmente de um "estranho instinto goleador" (como dizia a Wikipédia em espanhol)?

Sua resposta: "Um jogador precisa se movimentar muito na área para estar pronto e bem colocado, fazendo com que essas bolas apareçam". Segundo os especialistas, o gol na final da Copa do Mundo de 1974 é o que melhor exemplifica o jogo de Gerd Müller. Mas o baile havia começado muito antes. O meio-campista Rainer Bonhof recebe uma bola em profundidade no lado direito do ataque alemão e consegue avançar sem muita marcação rival. Müller está um pouco mais à frente, na meia-lua da grande área. Quando Bonhof está a dois

| Gol da Alemanha |

metros do vértice da área, Müller começa a correr, paralelamente à linha de fundo, em direção a seu companheiro. Depois, Bonhof ganha de um rival na corrida e entra na área, em direção à linha de fundo. Nesse momento, Gerd para por um instante e, em seguida, começa a correr em direção ao gol holandês. Tudo isso acontece em poucos segundos. Depois de dois ou três passos mais longos dentro da área, Bonhof cruza — por baixo — em direção à marca do pênalti. Müller domina com dificuldade entre dois zagueiros holandeses, a uns sete metros do gol, entre a pequena área e a marca penal, à esquerda de Jongbloed. A bola fica um pouco para trás, mas ele rapidamente gira, vai em direção à bola, coloca a perna esquerda no chão e, com uma agilidade assombrosa, consegue girar o corpo e chutar com a perna direita.

"Suas pernas curtas lhe davam um curioso centro de gravidade mais baixo, o que lhe permitia fazer giros rápidos em espaços muito reduzidos, numa velocidade que causava estragos nas defesas." A descrição da Wikipédia não está errada, mas falta a parte mais importante. Leio no Spielverlagerung: "Não foi graças à sua velocidade de movimentos que Müller conseguiu o espaço necessário para poder chutar naquele gol. Foi ele mesmo quem provocou toda a situação. Enganou os rivais, que se preocuparam com o gol e com Bonhof, e assim criou o espaço onde a bola acabou chegando para ele". Portanto, a chave não era tanto sua habilidade para lidar com os espaços reduzidos, mas sim uma excelente leitura de jogo, os movimentos que ele fazia sem a bola para tirar da jogada os zagueiros rivais.

Segundo o Spielverlagerung, esse padrão se repete em muitas jogadas de Müller. Ele atua contra a direção natural do movimento — e, aqui, seu centro de gravidade baixo tem um papel importante. Suas repetidas trocas de direção obrigam os defensores a também mudar de posição constantemente, e eles sempre acabam chegando atrasados nos momentos decisivos dos lances. Outra jogada típica do Torpedo era fazer vários rivais se concentrarem no mesmo lugar do campo e então se aproveitar disso para distanciar-se rapidamente e buscar espaços vazios. Também tinha o recurso de fugir da marcação abrindo espaços para um companheiro.

Interrompi a leitura. A verdade é que não esperava uma confirmação tão elaborada e interessante das nossas intuições. Gerd Müller, com certeza, não era apenas um jogador com a bunda grande, mas um atacante inteligente e perspicaz. Era tão inteligente que sabia aonde não devia ir: às pontas. Mas aparecia em todas as outras partes do campo e também o tínhamos visto defender perto de sua própria área. Embora não fosse um Messi, era um desses atacantes que vão e voltam, que sempre se oferecem para fazer uma tabela. E ele não fazia isso para aparecer, mas para ajudar o time onde fosse mais necessário.

Para participar tanto assim do jogo, é preciso ter muita técnica. É uma pena que muita gente pense que os dribles sejam o verdadeiro atestado técnico de um jogador. Müller arriscava muito para poder transformar suas desvantagens — a estatura e a baixa velocidade em corrida — em vantagens: tinha um excelente arranque, centro de gravidade baixo e um bom chute. Com frequência, driblava os zagueiros altos com o peito, de forma a conseguir se desvencilhar deles com sua arrancada espetacular e chutar para o gol sem pressão dos rivais. Complicado, sem dúvida, mas muito eficaz quando dava certo.

Basicamente, Müller tinha um bom chute, intimidade com a bola — conseguia dominar passes ruins ou bolas muito fortes, como no segundo gol da final de 1974 — e se movimentava muito bem. No artigo, curiosamente, comentava-se que as pessoas não achavam que ele chutava tão bem. O que acontece é que ele não se vangloriava muito disso. Müller não chutava se não lhe parecesse a melhor opção. Era muito lúcido e a última coisa que queria era aparecer. Sua noção de espaço não apenas o capacitava para o ataque, mas também para a defesa. Muitas vezes ele era o primeiro defensor da equipe, como costuma acontecer hoje em dia com alguns atacantes, e não raro voltava até sua própria área para defender.

Terminei a leitura. Finalmente alguém havia percebido que é impossível fazer 515 gols na Bundesliga (média de 0,86 por jogo), 78 na Copa da Alemanha (1,25), 69 em competições europeias (0,96) e 68 na seleção (1,09) apenas com a virtude de saber se mexer bem dentro da área.

O site Spielverlagerung ainda disponibilizava um vídeo do YouTube com uma montagem de todas as intervenções de Müller na semifinal contra o Real Madrid, na Copa dos Campeões da temporada 1975/1976. O vídeo tem duração de dez minutos, ainda que poucas cenas durem mais de três segundos. O que se vê é um jogador correndo por toda parte. No ataque e na defesa. Enquanto assistia ao vídeo, recebi uma mensagem de Phillip: "Acabo de perguntar a meu pai sobre Müller. Sabe o que ele me falou? Que marcava muitos gols, mas que o mais impressionante era o quanto ele corria...".

O comitê de especialistas do Spielverlagerung terminava o artigo com uma reflexão interessante: todas as vezes em que se falava sobre a importância dos centroavantes na Alemanha, falava-se sobre Gerd Müller. Os especialistas diziam que Müller se parecia mais com Mario Götze, por exemplo, do que com Stefan Kießling, o atacante do Bayer Leverkusen. E não pelo físico, mas pelo estilo de jogo. Depois da derrota contra a Itália, na Eurocopa de 2012, Götze foi criticado por estar muito gordo. Duas semanas mais tarde, foram publicadas fotos suas com a namorada durante as férias. O corpo de Götze, iluminado pelo sol, não mostrava nenhum traço de quilos a mais. Mas e Gerd Müller? Tinha realmente um traseiro gordo demais? Era a mesma pergunta que o jornalista Reinhold Beckmann se fazia em um documentário sobre o Torpedo. Beckmann falava numa tela dividida, enquanto do outro lado passava o gol de Müller na final da Copa de 1974 — e a maneira como ele comemorava, correndo na direção dos companheiros. Ninguém com um traseiro gordo corre daquele jeito.

Com certeza, Čajkovski nunca deixou de chamá-lo de *baixinha gordinha Müller*. Ele repetia o tempo todo. Mas com carinho. E agora eu entendo o porquê.

16. Helmut Schön e o líbero antes de Beckenbauer
(Axel)

A derrota do Bayern de Munique para o Real Madrid, na semifinal da Champions League de 2013/2014 causou todo tipo de críticas ao sistema guardiolista. Mas, apesar disso, o futebol alemão apresentou-se na Copa do Mundo do Brasil assumindo o estilo do técnico catalão em seu grau máximo de pureza. Eu estava escalado para trabalhar na estreia da *Mannschaft*.

Joachim Löw chegava a Salvador consciente de que entrava na fase final de um caminho sem volta de seu projeto de renovação. Em 2006, produziu-se a mudança de mentalidade. Em 2008, sem muito brilho, veio um resultado suficientemente positivo para que a aventura pudesse continuar, apesar da saída de seu criador. Em 2010, com certeza sob a influência de Van Gaal, foram incorporadas as novas gerações, que já tinham recebido uma educação futebolística moderna. Desde então, houve uma insistência absoluta nos conceitos revolucionários: o jogo é com a bola no chão; o centroavante participa da construção de jogadas; a ligação direta é um recurso, mas não uma receita a ser seguida. Até que Joachim Löw viu Guardiola e, pela segunda Copa do Mundo seguida, decidiu aproveitar coisas do Bayern.

Voando de Fortaleza a São Paulo, tentei resolver a equação: Klinsmann é o líder que apela para as massas e consegue que todos entendam que é preciso mudar. O Bayern capta essa mensagem e pretende que Klinsmann faça essa mesma mudança no clube. Ele

Gol da Alemanha

155

fracassa na Baviera — não tem tempo suficiente —, mas o Bayern continua convencido de que é preciso mudar e de que o técnico tinha razão, embora não tivesse conseguido executar suas ideias. O Bayern contrata Van Gaal para que promova a revolução sugerida por Klinsmann. Van Gaal a leva adiante, mas de seu jeito, com suas próprias ideias, que acabam influenciando Löw, o homem que havia iniciado o processo como ajudante de Klinsmann. A nova Alemanha vira o time da moda e o Bayern aposta em mais uma mudança, talvez a última: o revolucionário total, o homem que pode levar a ideia inicial à sua máxima expressão.

A ideia inicial era andar na direção do moderno, deixar de lado o rústico e entregar-se à metodologia, sair das inércias eternas do futebol alemão de sempre e olhar para o que estava acontecendo lá fora. E o que estava acontecendo lá fora se chamava Pep Guardiola. Em sua primeira temporada, Guardiola ganha a Bundesliga com uma pontuação recorde e, apesar da inapelável queda nas semifinais contra o Real Madrid, impressiona Löw. E Löw copia o desenho tático, a posição de Lahm, o falso 9... É uma história de retroalimentação permanente: a Alemanha e o Bayern se retroalimentam.

Mas a Alemanha e o Bayern sempre se retroalimentaram. No hotel, em São Paulo, vi partes de um DVD que tinha levado para o Brasil e tentei colocar em uma mesma linha do tempo o que havia acontecido no fim dos anos 1960 e na primeira metade dos anos 1970, tanto em nível de clubes como no de seleções. O resultado foi tão satisfatório quanto aqueles problemas de matemática que o lendário professor Francesc Blanquer nos propunha em nossa adolescência, e cuja resolução — depois de muito esforço — fazia-nos sentir a felicidade dos campeões do mundo.

Udo Lattek fez parte da comissão técnica de Helmut Schön entre 1965 e 1970. Seu Bayern de Munique, que ganhou a Copa dos Campeões de 1974, contra o Atlético de Madrid, é muito parecido taticamente com a seleção alemã daqueles anos em que esteve na comissão técnica. Se observamos a final da Copa de 1966, contra a

Inglaterra, veremos que a distribuição das posições e das marcações se assemelha bastante às do duelo contra o conjunto espanhol, em Bruxelas, oito anos depois.

TILKOWSKI

SCHULZ

WEBER × HUNT   HÖTTGES × HURST   SCHNELLINGER × BALL

BECKENBAUER   OVERATH

HALLER   SEELER   HELD   EMMERICH

É claro que havia diferenças nas características dos jogadores. Jogar no meio com Beckenbauer e Overath, muito habilidosos, não é o mesmo que jogar com Roth. Essa diferença poderia nos dar a impressão de que a Alemanha era um time com melhor saída de bola, mas não podemos nos esquecer de que Roth teve papel decisivo nas três Copas dos Campeões — e que, de fato, a ausência de um jogador como ele foi possivelmente o que enfureceu Beckenbauer contra o Real Madrid, tantos anos depois, quando Guardiola escalou Lahm como volante na ida, e Kroos no jogo de volta.

O Bayern tricampeão, que teve jogos muito brilhantes (a volta da semifinal contra o Real Madrid em 1976 é um verdadeiro espetáculo, talvez a melhor atuação daquele time — e falo somente do trato com a bola, já que não se pode basear a análise na superioridade física alemã), era um time quase impossível de superar no meio-campo. Schwarzenbeck e Roth, dois jogadores certamente com perfis opostos aos preferidos por Guardiola, fechavam com cadeado a zona central do campo, graças ao excelente poder de marcação do primeiro e ao incansável trabalho do segundo, um sensacional carregador de piano, um Sami Khedira mais forte, com mais entrega e muito mais faro de gol. Podia-se entender perfeitamente por que a proposta de Guardiola era chocante para Beckenbauer: em 2014, o Bayern escolheu seus volantes pensando mais na saída de bola que na capacidade defensiva. Isso fez a equipe jogar um futebol brilhante

Gol da Alemanha

durante quase todo o ano, massacrando a maioria dos rivais, mas o esquema ruiu diante de um time de contra-ataque tão letal como o Real Madrid.

Na Copa do Mundo do México, em 1970, Lattek já havia sido contratado pelo Bayern, mas Schön continuava com um esquema parecido ao de quatro anos antes. Inclusive, eliminou a Inglaterra na repetição daquela decisão, pelas quartas de final, em León. O líbero de 1966, o magnífico Willi Schulz do Hamburgo — cujo extraordinário trabalho atrás dos zagueiros levou o técnico a escalar Beckenbauer como volante —, chegou com muitos problemas físicos ao México e teve de ficar no banco de reservas naquele duelo contra a então campeã do mundo. Isso provocou uma reorganização defensiva. Schnellinger jogou como líbero e a marcação de Alan Ball foi menos individual. A verdade é que Ball estava jogando mais pelo meio do que pelas pontas durante o torneio. Costumava receber os passes perto de Bobby Charlton e só ia para as pontas ocasionalmente. Então, Overath e Löhr, em tese o meia-esquerda, encarregavam-se de segui-lo quando ele descia para o ataque. Como sempre, não havia pressão sobre os rivais que saíam com a bola; apenas os que apareciam na intermediária, já no campo de defesa alemão, eram incomodados. A mudança com relação a 1966 foi que Schön pediu uma marcação homem a homem sobre Martin Peters, o jogador que havia desequilibrado taticamente a final em Londres por causa de sua movimentação.

Em seu maravilhoso *The Anatomy of England*, Jonathan Wilson conta que a Inglaterra fez muitos testes na preparação para a Copa do Mundo de 1966 e que o técnico Alf Ramsey acabou decidindo usar um esquema com apenas um ponta de ofício (Alan Ball) para que o meio-campo não ficasse em inferioridade numérica. Levando-se em consideração que havia dois centroavantes (Hurst e Hunt), o lado esquerdo permanecia livre, já que Peters — que em muitas fichas técnicas aparece como um espelho de Ball, do lado oposto — era na verdade mais um meio-campista, que se juntava com frequência a Nobby Stiles e Bobby Charlton, o volante e o meia daquele time, respectivamente. Marcando homem a homem, em vez de fazê-lo por zona, a Alemanha de 1966 sofria bastante quando Peters se deslocava e aparecia na ponta. Quatro anos depois, Helmut Schön pediu a um de seus marcadores mais disciplinados, Berti Vogts, que marcasse o polivalente meio-campista inglês. O esquema tático daquele jogo das quartas de final da Copa de 1970 ficou assim:

MAIER

SCHNELLINGER

VOGTS × PETERS HÖTTGES × LEE FICHTEL × HURST

BECKENBAUER OVERATH

LÖHR × BALL

LIBUDA

SEELER MÜLLER

O surpreendente foi que, ao colocar Schulz no intervalo, depois de perceber o quanto Höttges vinha sofrendo com Lee, Helmut Schön manteve Schnellinger como líbero e reorganizou as marcações para que o líder da defesa, que acabara de entrar em campo, ficasse de olho em Geoff Hurst. A aposta funcionou, porque a Alemanha virou o jogo — com um golaço de Beckenbauer, inclusive — e, na semifinal, contra a Itália, repetiu a mesma formação: já com Schulz de início, mas mantendo Schnellinger como o homem livre na defesa. Além desse pequeno detalhe, fica claro que o esquema — com um líbero e várias marcações homem a homem em todo o campo — era muito parecido com o que veríamos no Bayern de Udo Lattek na final da Copa dos Campeões de 1974, contra o Atlético, e de certo modo também com o que seria usado no time de Cramer, anos depois (ainda que com algumas diferenças bem acentuadas).

E assim, três dias depois da épica virada contra a Inglaterra, a Alemanha Ocidental entrou em campo contra a Itália, no estádio Azteca, na Cidade do México, com Vogts fazendo marcação cerrada,

Gol da Alemanha

como poucas vezes se havia visto, no grande Gigi Riva, atacante do Cagliari; com Bernd Patzke entrando no time titular e se encarregando de Domenghini; e com Schulz de olho em Boninsegna. Schnellinger ficava atrás de todos eles, sem marcar ninguém.

A decisão de trocar os papéis entre Schulz, o líbero em 1966, e Schnellinger, que passara a exercer a função em 1970, tinha suas explicações: primeiro, acontecera porque Schulz havia chegado ao México com problemas físicos; segundo, sua condução de bola tinha mais qualidade. Jogando mais adiantado e não como o último homem da defesa, ele poderia chegar mais facilmente ao ataque; além disso, as possíveis perdas de bola seriam menos arriscadas e colocariam o time sob menos perigo. Por fim, Schnellinger já estava disputando sua quarta Copa do Mundo e não tinha a mesma velocidade das edições anteriores, quando seu trabalho era perseguir os pontas habilidosos dos adversários. Sendo assim, Schön levou este time a campo na famosa semifinal em que perdeu por 4 a 3 para a Itália:

MAIER

SCHNELLINGER

VOGTS × RIVA   SCHULZ × BONINSEGNA   PATZKE × DOMENGHINI

BECKENBAUER   OVERATH

LÖHR

GRABOWSKI

SEELER   MÜLLER

O jogo contra a Itália nos apresentou, no entanto, uma das primeiras manobras táticas alemãs capazes de mudar um jogo na história das Copas do Mundo. Em 1966, as substituições ainda não eram permitidas, então jamais pudemos ver o que teria feito Helmut Schön para alterar a feição daquela partida e tentar uma virada. Na semifinal contra a Itália, sim, as trocas já eram permitidas e ele tirou um defensor (Patzke) para colocar em campo o atacante Siegfried Held. Graças a essa mudança, a Alemanha — que antes já pusera

Libuda no lugar de Löhr — travou a Itália no campo de defesa e foi em busca do empate, juntando vários jogadores de talento no meio--campo. Foram momentos de culto à bola.

Ainda que às vezes acontecessem alguns lançamentos para Seeler, a intenção na maior parte do tempo foi criar vantagem numérica a partir de tabelas e passes curtos e rápidos entre Overath, Becken-bauer, Held e Grabowski, que ainda contavam com as passagens de Müller pelo meio e as subidas dos zagueiros. Com a reorganização da defesa de três, Schulz voltou a atuar como líbero e Schnellinger projetou-se mais para o ataque pela esquerda, tentando explorar seu físico em ações ofensivas, como acabou acontecendo no gol de empate. A formação da Alemanha que atropelou a Itália no segundo tempo no Azteca e forçou a prorrogação foi a seguinte:

MAIER

VOGTS   SCHULZ   SCHNELLINGER

LIBUDA   BECKENBAUER   OVERATH   GRABOWSKI

SEELER   MÜLLER   HELD

No entanto, essa mudança de sistema fez, pela primeira vez, a Alemanha ficar desprotegida atrás. Não foi o que deu a entender a última meia hora do jogo, porque os alemães pressionaram de forma frenética e os italianos apenas se defenderam; mas na prorrogação, a história mudou. Helmut Schön manteve o mesmo desenho tático, já que não podia mais fazer substituições, e a Itália causava muitos problemas em contra-ataques letais, nos quais a linha de três zagueiros sentia falta do líbero.

No gol de Gigi Riva — o terceiro dos italianos —, Vogts, que fez uma partida impecável, ficou em dúvida entre marcar Domenghini, que aparecia desmarcado na ponta oposta à que havia jogado em toda a partida, ou manter a marcação individual sobre Riva. Ao ver que atrás dele estão Schnellinger e Schulz, lado a lado com Riva e Boninsegna, Vogts decide sair. Mas ele demora muito para decidir

Gol da Alemanha

e, quando vai, Domenghini já tocou a bola e tirou o defensor da jogada. Na corrida, vindo de trás e contra Schnellinger desprotegido, Riva tem tudo para ganhar a disputa: e ganha. Schulz não pode ajudar, porque está marcando Boninsegna no segundo pau. Com certeza, sob a ótica alemã, levar esse gol dessa maneira reafirmou a convicção de que era preciso jogar com um homem livre atrás dos zagueiros que estavam encarregados dos combates individuais aos atacantes rivais.

O gol do 4 a 3, marcado por Rivera logo após o empate de Gerd Müller, foi ainda mais difícil de digerir, já que veio diretamente da saída de bola. A Alemanha estava armada em seu 3-4-3, com muitos jogadores de ataque esperando para começar uma nova jogada quando seus companheiros recuperassem a bola. Com uma simples virada de jogo, a Itália superou meia equipe alemã. Boninsegna caiu pela ponta, passou por Schulz na corrida e chegou ao fundo; Schnellinger, acostumado à função de líbero, foi atrás dele, despreocupando-se da marcação no centro da área. Na verdade, ele não tinha alternativa, porque ninguém estava ajudando a cobrir aquela parte do campo: Vogts estava com Riva, e os meios-campistas estavam tão cansados — Beckenbauer tinha o braço numa tipoia… — que não perceberam que Rivera aparecia como homem-surpresa, vindo da segunda linha. A Alemanha foi vítima de seu tremendo esforço e da ousadia tática que levou o jogo à prorrogação. Era uma situação difícil de suportar em um jogo de 120 minutos, como acabou sendo a semifinal.

A análise dos jogos de 1970 me ajudou a comprovar que, de fato, os principais conceitos táticos usados por Helmut Schön até aquele momento foram levados por Udo Lattek ao Bayern. Mais ou menos o que acontecia em 2014, mas no caminho contrário. A deslumbrante Alemanha que goleou Portugal por 4 a 0, em Salvador, sofreu mais nos jogos seguintes — empatou por 2 a 2 com Gana e venceu os Estados Unidos por apenas 1 a 0 —, mas ainda assim ganhou com autoridade o grupo que, a princípio, era considerado o mais difícil. De todas as formas, por mais que a dupla Lahm-Kroos desse ao time uma enorme capacidade de dominar os rivais quando estava com a bola, e de escondê-la enquanto o time estava vencendo, também parecia claro que os contra-ataques adversários faziam a equipe sofrer.

Como já acontecera algumas vezes com o Bayern de Guardiola, mesmo em jogos que venceu (como contra o Borussia Dortmund, na Bundesliga, no dia em que visitei o Westfalenstadion, ou no início do duelo contra o Arsenal e em vários momentos do confronto eliminatório contra o Manchester United...), a pergunta que todos nos fazíamos no Brasil era se aqueles sintomas poderiam ter um desfecho semelhante ao do Bayern na semifinal da Champions contra o Real Madrid. Se, depois de tanto impressionar, a Alemanha seria atropelada por um rival que tivesse identificado seu ponto fraco e o atacasse sem piedade.

Era difícil não me lembrar de Luiz Gustavo. Era difícil, sobretudo, porque eu tinha acabado de ver os três jogos do Brasil na fase de grupos no estádio e, mais uma vez, o volante da seleção canarinho havia me impressionado por sua capacidade de segurar sozinho um time desequilibrado em que praticamente todos os jogadores do seu setor desciam constantemente ao ataque.

Eu já tinha me lembrado de Luiz Gustavo naquela noite em Dortmund quando, na volta para Düsseldorf, disse a Martí Perarnau que havia estranhado muito que o Bayern o tivesse vendido no verão anterior. Voltei a lembrar-me dele todas as vezes em que Lahm sofreu nas mãos de jogadores como Oxlade-Chamberlain, Welbeck ou Mkhitaryan. E, claro, ele foi uma lembrança constante nos 4 a 0 impostos pelo Real Madrid na Allianz Arena. A Alemanha também não tinha um Luiz Gustavo, nem nada parecido. Será que ela ganharia a Copa com um sistema guardiolista, que não serviu para o próprio Guardiola ganhar a Champions? Ou a história se repetiria? Pensando em tudo isso, fui para a cama em Belo Horizonte, poucos minutos depois de ter guardado na mala os DVDs da

Gol da Alemanha   **163**

Copa de 1970 e de ter pegado os da Eurocopa de 1972 e da Copa de 1974. Mas antes de vê-los, eu teria pela frente o Brasil × Chile nas oitavas de final da Copa que se jogava no presente. Antes de voltar ao passado, eu veria Luiz Gustavo mais uma vez.

Os dias de oitavas e quartas de final da Copa de 2014 me deram tanto trabalho com o futebol da atualidade, que tive de adiar minha análise dos jogos da década de 1970. Só consegui uma pausa para voltar ao passado na manhã depois que se definiram os semifinalistas. Em um hotel de Brasília, percebi todo o volume de material relacionado à nossa "investigação" que aquela Copa estava fornecendo. Tivemos, por exemplo, Klinsmann revolucionando o futebol dos Estados Unidos como havia feito com o alemão (com detalhes diferentes, claro, porque não é o mesmo reerguer o que já foi grande e encorpar algo que ainda está em formação). E seguíamos tendo, é claro, a Alemanha e o constante debate sobre os riscos e vantagens de ter meios-campistas leves, mas privilegiados no trato com a bola. O fato de Joachim Löw ter recolocado Lahm na lateral direita e escalado Khedira como volante no dia de enfrentar um rival tradicional como a França — e depois de ter sofrido nos contra-ataques diante da Argélia — reabriu a discussão.

Mas até mesmo nas outras três seleções semifinalistas havia detalhes que tinham tudo a ver com as coisas que eu e Franck vínhamos conversando no último ano e meio. Inclusive na Argentina, onde parecia que todo esse assunto estava distante, a aparição de Martín Demichelis como titular contra a Bélgica fez o jornalista Ramiro Martín Llanos dizer uma frase, na Gol Televisión, que me fez lembrar daquele vhs do Arsenal × Bayern de 2005: "Demichelis, no River, era um meio-campista muito habilidoso com a bola. Foi o futebol europeu que o transformou num zagueiro agressivo". E realmente era isso. Demichelis era outro exemplo da famosa transformação alemã de meios-campistas em zagueiros — ou em líberos, se voltarmos mais na história. Uma mudança por que passaram Beckenbauer, Matthäus e tantos outros. No Brasil, falava-se da já comentada presença de Luiz Gustavo como peça insubstituível na estrutura e, quando ele levou o segundo cartão amarelo contra o Chile, nas oitavas de final, o país inteiro se perguntou como seria possível substituí-lo contra a Colômbia, porque não havia ninguém de características parecidas no elenco (obviamente, a discussão teve menos impacto que a lesão de Neymar, mas tinha sido tema de debates por quatro dias).

E, por fim, a figura de Van Gaal reaparecia esplendorosa após o toque de gênio na substituição de Cillessen pelo heroico Krul antes da disputa por pênaltis contra a Costa Rica. Van Gaal vinha fazendo uma Copa taticamente interessantíssima: era o treinador que havia mudado o esquema mais vezes e o que tinha utilizado mais jogadores em posições diferentes. Depois daquela histórica substituição de goleiros, voltou-se a falar dos méritos dele, nunca reconhecidos nem no Barcelona nem no Bayern de Munique. Falava-se de sua coragem por lançar jogadores como Xavi, Iniesta, Valdés ou Puyol; da criação das bases táticas do Bayern que depois conquistaria a Champions League com Heynckes; e da aposta firme em um desconhecido como Thomas Müller que, cinco anos depois, disputava o prêmio de melhor jogador de uma Copa do Mundo.

Heynckes. Heynckes era o único membro da cadeia Klinsmann/Van Gaal/Heynckes/Guardiola que não estava, direta ou indiretamente, na Copa de 2014. Ele se aposentara. E, no entanto, os mais críticos de Löw e seu guardiolismo insistiam numa ideia: "Quem ganhou a Champions foi o Bayern de Heynckes, com Javi Martínez de volante; e no ano anterior, o Bayern fez a final com Luiz Gustavo na posição. Eram equipes menos vulneráveis defensivamente que o time de Guardiola". Era realmente isso? Qual foi o papel de Heynckes na revolução do Bayern? Ele parecia o elo menos romântico da corrente; no entanto, era o único que havia ganhado a Champions League. Decidi, então, escrever de novo a Willy, que havia vivido em Munique durante o ano da tríplice coroa de Heynckes e vira todos os jogos daquele Bayern. Enquanto ele preparava as respostas às minhas perguntas, eu aproveitaria o dia de descanso em Brasília para confirmar se, realmente, Helmut Schön modificou conceitos táticos em 1972 (e se esse processo se refletiu no Bayern de Cramer, que seria campeão em 1975 e 1976).

17. Heynckes e a geração de Georg
(Willy)

Georg era meu melhor amigo em Munique. Fiquei impressionado desde o dia em que o conheci, tomando café enquanto se esforçava para falar algumas coisas no pouco espanhol que sabia, para me contar sobre suas aventuras no Paraguai. Ele é dessa geração que eu sempre digo que vai apagar todos os chavões que existem sobre a personalidade alemã: a geração que nunca viveu uma guerra, nem nos tempos do Muro, e que cresceu rodeada por um país aberto, moderno, cheio de influências dos outros europeus.

Ele nasceu perto de Bochum, torcia pelo Bayern até não poder mais e mudou-se para Munique para estudar. Sua personalidade não escondia a origem: Georg era profundamente orgulhoso de suas raízes, mas perfeitamente capaz de rir das peculiaridades de seu país, de concordar quando eu falava das coisas alemãs que chocavam os latinos, ou de mostrar seu fascínio pelas outras culturas. Além disso, tinha vontade de aprender. Evitava, como tantos outros alemães que conheci durante minha estada na capital da Baviera, qualquer estereótipo que pudesse recair sobre seu povo: era aberto, emotivo, adorava a vida noturna e seria capaz de falar sobre temas transcendentais durante meia hora com um estranho na fila da padaria. Georg sempre me surpreendia com perguntas sobre como era a vida na Espanha, não perdia a oportunidade de viajar quando o tempo e o dinheiro permitiam, e — é claro — estávamos sempre falando de

Gol da Alemanha

futebol. Talvez ele não fosse a pessoa que alguém imagina ao pensar num alemão, mas temos de aceitar que o mundo está mudando. *The times they are a-changin'.*

Foi junto de Georg que vivi praticamente todos os jogos do Bayern durante a melhor temporada da história do clube — alguns deles no estádio, tanto naquelas monótonas e geladas tardes de inverno em que o clube bávaro demorava setenta minutos para romper a retranca do Nuremberg, quanto nas festivas e intermináveis noites de primavera de Champions, em que o time de Heynckes incendiava a cidade.

Na madrugada de 23 de maio de 2013, jogado em algum lugar da Theresienwiese, onde a juventude de Munique se reuniu para assistir à final de Wembley, Georg chorava copiosamente. Eu sabia que eram lágrimas de felicidade, por isso não fiz qualquer movimento para consolá-lo: podia imaginar perfeitamente o alívio, o descanso mental que significava ganhar finalmente a tão esperada Champions League, depois de haver perdido a decisão duas vezes nos últimos três anos.

Em uma intensa e disputadíssima final contra o Borussia Dortmund, um rival de lembranças amargas no passado recente, Arjen Robben marcou o gol da vitória aos 45 do segundo tempo; o gol que, depois de doze anos, coroava o Bayern de Munique como o maior time do continente. À medida que a noite entrava madrugada adentro, a euforia e a adrenalina iam dando espaço para a reflexão, a melancolia e a embriaguez; era a hora de Munique se expressar depois de um dia em que tudo o que aconteceu havia mudado seu estado de ânimo. Munique já tinha entendido o que acontecera. Munique já havia assimilado, já estava suficientemente serena para se manifestar. Munique queria botar para fora tudo o que estava preso. E, antes de gritar por Ribéry, Müller ou Robben, Munique queria cantar o nome de Jupp Heynckes. "Jupp! Jupp! Jupp!" era o grito que mais se ouvia na cidade (não era um momento para criatividade, mas para sonoridade). Ouvia-se nos últimos vagões dos trens que circulavam naquela madrugada, ouvia-se na Leopoldstraße (o lugar em que os torcedores do Bayern se reúnem para comemorar os títulos), ouvia-se na fila de qualquer discoteca, e naquela noite era permitido entrar com a camiseta branca e vermelha.

Mas não era um grito de adoração a sua genialidade nem de admiração por seu brilhantismo. Era um grito de reconhecimento por seu trabalho, um aplauso por seu esforço e pragmatismo. Ninguém, ou pelo menos ninguém que eu tenha visto, considerava Jupp um gênio, ninguém pedia sua continuidade antes da chegada de um empolgante Pep Guardiola, mas todos queriam fazer, de todo o coração, uma homenagem ao mérito do treinador nascido em Mönchengladbach. Munique sentia que, ao contrário de Franck, Thomas ou Arjen, que eram extraterrestres de outra galáxia, Jupp era um dos seus. Um alemão como qualquer outro. Um alemão da velha guarda. Da geração a que Georg nunca pertenceu.

A Jupp podem ser dados, com justiça, todos os rótulos que sempre perseguiram os alemães: é um tipo sério, rígido, autoritário e disciplinado. Sua grande façanha, o Bayern da tríplice coroa, não se construiu à base de seu talento, inspiração ou criatividade, mas por obra de seu perfeccionismo, de seu trabalho duro, seu espírito implacável. Porque aquele Bayern não era uma criação pura de Heynckes, não foi ele que construiu as bases do time que ganhou tudo. E isso era reconhecido por qualquer torcedor com quem você falasse em um *Biergarten*: o esquema 4-2-3-1 que provocou disputas intermináveis entre Van Gaal e Hoeneß no início, Lahm como lateral direito, a importância dos pontas, as aparições de Alaba e Müller, o posicionamento de Schweinsteiger, todas foram ideias do técnico holandês às quais Jupp deu continuidade.

Talvez fosse legítimo que, em sua chegada, Heynckes quisesse impor sua marca: alterar o sistema, contratar três ou quatro jogadores importantes e mudar totalmente a natureza do time. Mas ele não fez isso — soube aceitar seu papel, deixar de lado as ambições de grandeza e melhorar com humildade o legado de Louis. Nem mesmo depois de um ano sem títulos houve a intenção de provocar

Gol da Alemanha

uma revolução; pelo contrário, ele continuou confiando na mesma base e apenas mudou duas ou três peças acessórias. Jupp transformou o ciclo de Van Gaal em um período ganhador, porque entendeu que seu trabalho não seria o de um gênio brilhante encarregado de criar o ideal de jogo do Bayern, mas sim o de desenvolver e consolidar o que seu antecessor havia deixado em Munique. E a cidade queria festejá-lo por isso.

Isso significa que o trabalho de Jupp foi simples, que ele não teve méritos? Não, muito pelo contrário. Significa, apenas, que ele trabalhou a partir das peças principais que foram deixadas por Van Gaal. Tudo o que Heynckes fez depois disso foi de uma audácia assustadora. Seu trabalho foi titânico. Em primeiro lugar, conseguiu dar a mentalidade vencedora fundamental a um elenco que vinha de perder duas finais de Champions.

Recordemos: o time que Jupp assumiu havia acabado de ficar em terceiro no campeonato alemão e de ter sido superado com muita contundência na final da Champions do ano anterior, em Madrid, pela Internazionale de José Mourinho. Além disso, o clube estava mergulhado em uma crise institucional terrível depois que Van Gaal decidira trocar o goleiro Butt pelo jovem Thomas Kraft, desafiando as ordens da diretoria, que não queria polêmicas na posição até a chegada de Manuel Neuer, já de contrato assinado.

Depois de um primeiro ano em que terminou vice-campeão das três grandes competições que disputou (perdeu a Champions para o Chelsea em casa, após ter superado pelo caminho o Real Madrid de José Mourinho, em uma eliminatória impressionante; ficou em segundo no alemão atrás do Borussia Dortmund; e foi humilhado pelo mesmo rival na decisão da Copa da Alemanha), Heynckes soube se levantar, aprender com os erros e montar o time que depois daria ao clube a melhor temporada de sua história.

Lembro-me nitidamente de assistir à entrevista coletiva de Bastian Schweinsteiger, na véspera da final de Wembley, e ver o meio-campista — o mesmo que chorara amargamente no campo da Allianz Arena em 2012, depois de ter perdido um pênalti — falar como se tivesse certeza de que era o melhor do mundo em sua posição. É fácil dizer isso agora, mas a intensidade de seu olhar, a convicção com que se comunicava, me fez sair daquela sala convencido de que o Bayern seria campeão.

E isso, como reconhece o próprio "Schweini", foi fruto de um trabalho muito concreto de Jupp: o de convencer uma geração que vinha de perder a final da Eurocopa de 2008, de cair na semifinal da Copa de 2010 e da Euro 2012, além de perder duas finais de Champions em três anos, de que seu destino não era o dos perdedores.

Outro mérito inquestionável de Jupp foi o de acrescentar elementos de que o elenco precisava: ele detectou que faltara agressividade ao time nos momentos-chave de 2012 e contratou dois jogadores de personalidade forte, para que isso se refletisse no grupo: Mandžukić e Javi Martínez. De personalidade forte mesmo, porque na posição do croata estava Mario Gómez, uma estrela e patrimônio do país, e porque o navarro — que Jupp conhecia da Liga Espanhola e cuja contratação pedira de forma insistente — foi a transferência mais cara da história do clube e provocou um debate nacional: será que valia a pena gastar tanto?

Wembley de 2013 deu razão a Heynckes de forma implacável: Javi Martínez foi, segundo os especialistas, o melhor jogador da final. Sua intensidade ao defender, sua agressividade nas disputas de bola e sua força nas divididas foram vistas como fatores fundamentais para que o Bayern se impusesse no último jogo. Mandžukić, por sua vez, marcou o 1 a 0 na decisão e teve uma temporada notável.

Jupp também soube encontrar lugar para um atleta que não chegou a fazer parte da equipe de Van Gaal, mas que sem dúvidas pertencia à mesma geração: Toni Kroos, que já fora seu jogador durante a passagem pelo Bayer Leverkusen, explodiu no clube bávaro sob o comando de Heynckes, embora logo depois tenha sofrido uma lesão grave, que o afastou da parte decisiva da temporada de glórias. Essas e outras tantas decisões — mais relacionadas ao *micromanaging* do

Gol da Alemanha

que ao *macromanaging* — levaram o grupo de Philipp Lahm, Manuel Neuer, Bastian Schweinsteiger, Thomas Müller, Arjen Robben e Franck Ribéry a levantar seu primeiro grande troféu internacional e a conquistar a tríplice coroa com autoridade: batendo quase todos os recordes da Bundesliga, superando com contundência o Borussia Dortmund, que fora uma pedra no sapato nos anos anteriores, e deixando de recordação a incrível goleada sobre o Barcelona nas semifinais da Champions League, algo que a torcida interpretou como a vingança daquele humilhante 4 a 0 que o Barça de Pep havia imposto aos bávaros em 2009, com Udo Lattek chorando nas arquibancadas. O futebol técnico e de troca de passes, mas às vezes vertiginoso e elétrico idealizado por Van Gaal, alcançou seu auge com Jupp, que, além disso, soube transmitir ao time esse gene competitivo que levou a vitórias nos palcos mais majestosos.

Mas a passagem de Heynckes pelo clube tinha data de validade: Schweini, Lahm, Robben, Ribéry e companhia — alguns dos símbolos do projeto iniciado por Van Gaal — estavam chegando à casa dos trinta anos. Era hora de encerrar aquele ciclo e dar uma guinada na ideia de clube que existia no Bayern de Munique. Uma era se acabava, e os passos seguintes do gigante bávaro teriam enorme importância em seu futuro. Nunca saberemos se foi Heynckes quem comunicou sua aposentadoria primeiro ou se sua decisão foi condicionada pela chegada de Guardiola, mas o certo é que a diretoria do clube quis se distanciar de Jupp — o paradigma da personalidade alemã do século xx — e preferiu dar um passo na direção da nova realidade de todo o país. Era a hora de abrir o caminho para uma nova geração: de se modernizar e se internacionalizar, de se aproximar das ideias inovadoras que vinham de fora, de buscar um sentido espiritual e lúdico no jogo. Era a hora do Bayern de Munique se adaptar à geração de Georg, que no fim das contas era o reflexo da nova era do país à qual ela pertencia. Era a hora de Pep Guardiola.

18. Vogts contra Cruyff no Rio de Janeiro
(Axel)

Belo Horizonte é uma cidade em que eu logo me senti em casa. Ao contrário de outras cidades que visitei durante a Copa do Mundo de 2014, em BH — como dizem os brasileiros — era sempre agradável sair do hotel e passear pela rua, acabar em um restaurante qualquer, ler *O Estado de Minas* e conversar com o garçom ou a garçonete que me servia um pão de queijo. Na manhã da semifinal entre Brasil e Alemanha, do duelo entre Luiz Gustavo e o *löw-guardiolismo*, o dono de um renomado café local me disse algo que me fez pensar em todos os jogos antigos que eu estava revendo: "Hoje em dia os brasileiros já não jogam mais como as pessoas jogam na rua. Agora jogamos como se fôssemos europeus. Não entendo o porquê". Como se fôssemos europeus... Alguns torcedores brasileiros relacionavam o estilo mais físico e aguerrido de Luiz Felipe Scolari ao da velha escola europeia. Certamente com as escolas alemã e italiana, que no fim das contas são os países de nosso continente que mais vezes ganharam a Copa.

Naquela manhã, eu não podia imaginar que, horas depois, veria o jogo mais impressionante da história de todas as Copas. E que Belo Horizonte, que já era "minha cidade brasileira" depois de eu tê-la visitado quatro vezes durante o torneio, passaria a ser um lugar de culto para os alemães. O 7 a 1 que balançou as estruturas recentemente reforçadas do Mineirão também foi a culminação de uma obra. Uma obra com muitos pais. Quantos? E quem eram os que mais haviam tido influência?

Gol da Alemanha

Bem, na verdade eu e Franck estávamos havia um ano e meio tentando responder a essas perguntas. Antes de saber o que ia acontecer no Brasil. Antes, é claro, de ter consciência de que a página mais brilhante dessa história seria escrita em Belo Horizonte, e que eu dormiria na cidade na noite anterior e posterior ao jogo. E que leria muitos jornais, depois passaria pelos bares e lanchonetes fazendo perguntas: "O que aconteceu?". "Aconteceu que não jogamos nada", respondiam. "Vergonha, humilhação", diziam, com cara de nojo, alguns taxistas. Como costuma acontecer no futebol, o perdedor se autoflagela, sem levar em conta os méritos de quem venceu. Para o perdedor, tudo se explica pelo quanto jogou mal. Para o ganhador, pelo quanto esteve bem.

Tentei escrever logo depois de sair do estádio, sem ler nada. Prefiro sempre ordenar minhas ideias sem ter tido acesso a nenhuma opinião externa. Depois eu vou checar se batem com as minhas, mas quero escrever meu jogo antes que os outros me contem o jogo deles, e que isso me influencie. Quero ser virgem de opiniões alheias enquanto escrevo. Virgem de influências.

Depois, já à noite, entrei no Twitter e vi que falavam de Guardiola. "Guardiola fez a Espanha ser campeã do mundo, e agora fará a Alemanha", lia-se, repetidamente. Falei por WhatsApp com Willy, ainda que soubesse que ele já estava escrevendo um texto para responder às minhas perguntas formuladas anteriormente sobre Heynckes e o Bayern. Mas fui falar com ele porque, enquanto o sucesso era atribuído ao guardiolismo — sempre aparecem vários pais para o sucesso —, os antiguardiolistas batiam no peito dizendo o contrário: "Löw ganhou quando voltou aos conceitos alemães. A melhor Alemanha só apareceu quando ele deixou de copiar Guardiola, devolvendo Lahm à lateral e jogando com um homem de área, como Klose".

Willy, um cara sábio apesar de ainda muito jovem, enxergava tudo aquilo de forma muito mais complexa e cheia de meios-termos. "A Alemanha de hoje, contra o Brasil, foi muito parecida com a de 2010, explorando a toda velocidade os espaços dados pelo rival, como aconteceu na África do Sul, contra Argentina e Inglaterra. Foi um time de contra-ataques esmagadores, mas com transições interessantes com a bola. Interessantes e em alta velocidade." Eu concordava totalmente com ele: não tinha sido uma Alemanha com posses de bola longas. Na verdade, teve menos posse de bola que o Brasil, inclusive no primeiro tempo, que terminou com o placar de 5 a 0.

No entanto, Willy enxergava, sim, conceitos de Guardiola naquela versão da Alemanha de Löw de 2014. "Neuer e Kroos não são os mesmos que eram antes de serem dirigidos por Pep. A leitura de jogo de Neuer, a reinvenção da posição de líbero de que tanto se falou quando ele cortou vários contra-ataques perigosíssimos da Argélia saindo da área com os pés... Isso melhorou muito depois do trabalho com Guardiola. O mesmo aconteceu com Kroos, que deixou de ser um meia-atacante para se transformar em um jogador que vai buscar a bola perto do círculo central, no início da jogada. É certo que hoje ele teve muita chegada, mas, na maioria dos jogos da Copa, era ele quem sempre ia receber o passe ao lado do volante. Não era mais aquele 10 de antigamente."

Com relação a 2010, também percebi uma diferença importante: na África do Sul, a divisão de papéis entre Schweinsteiger e Khedira era totalmente oposta. Schweini chegava, pressionava, avançava. O que fez Khedira no monumental 7 a 1 de Belo Horizonte — em que foi possivelmente o melhor jogador da partida até ser substituído — foi o que havia feito Schweini naquele 4 a 0 contra a Argentina, quatro anos antes. Lembro-me de que, naquela época, eu disse que a atuação de Bastian contra o time de Maradona havia sido o melhor desempenho individual de um atleta em toda aquela Copa. E aquilo tinha acontecido porque Khedira ficou mais fixo, guardando posição, ao contrário do que foi visto no Mineirão, onde Schweinsteiger foi o volante de contenção.

"Na verdade", me dizia Willy, "Khedira nunca foi um volante de contenção. Sempre foi um meia com liberdade. Mas, na África do

Gol da Alemanha 175

Sul, teve de fazer mais esse papel de proteção a Schweinsteiger, ainda que sem exercer de maneira tão clara o papel de volante. Na realidade, eu acho que aquela Alemanha se beneficiava por não ter um volante de verdade: seus jogos eram uma constante troca de ataques recíprocos." De fato, no Stuttgart, Khedira era um jogador de muita chegada. Inclusive, foi ele quem marcou o gol histórico que deu o título da Bundesliga de 2006/2007 ao time de Baden-Württemberg, com apenas vinte anos. O fato de ter se tornado um jogador com participação ofensiva tímida e com mais responsabilidade tática, na África do Sul, aconteceu quase por acaso: Torsten Frings, o melhor naquela posição na época, discutiu com Löw; e Simon Rolfes, o substituto, machucou-se antes da Copa do Mundo. Se tudo isso não tivesse acontecido, a carreira de Khedira seria bem diferente. Possivelmente o Real Madrid nunca o teria contratado.

"Com Mourinho, ele estoura como meio-campista com mais liberdade", disse-me Willy. Claro, Khedira chega ao Real Madrid, que o contrata depois de vê-lo proteger as costas de Schweinsteiger na África do Sul. Mas acontece que no time há alguém muito mais especialista nesse tipo de função: Xabi Alonso. Mourinho explora ao máximo as características que Khedira já havia mostrado no Stuttgart e pede que ele seja mais agressivo, que comece a marcar a saída de jogo do rival e jogue mais solto — algo que Löw viria a adotar na Eurocopa de 2012 e, de forma muito mais evidente, na Copa do Mundo de 2014.

Então… A Alemanha também tinha um toque de Mourinho? Na verdade, aquela Alemanha aprendeu coisas com muitos técnicos, e esse era o grande mérito de Löw e, por extensão, também de Klinsmann. Acho que finalmente entendi tudo em Belo Horizonte: a revolução de Klinsmann consistia, basicamente, em "abrir a cabeça para o que vinha de fora". Ver o que estava acontecendo em outros países e pensar que, sim, havia coisas que poderiam ser usadas no futebol alemão para potencializar suas virtudes. Dar ao jogo um caráter mais recreativo, mais festivo, porque era isso que ele havia percebido nos Estados Unidos, onde o futebol era algo que as pessoas praticavam para se divertir, sem aquele espírito beligerante. Diminuir o drama psicológico e aumentar o desejo pelo conhecimento tático.

Depois dessa mudança de chip, seu sucessor, Joachim Löw, começa a pensar em uma série de mudanças a partir do que vê ao seu redor: altera a posição de Schweinsteiger da ponta para o meio e aposta forte em Thomas Müller em seu primeiro ano como profissional (Van Gaal), intensifica o trabalho tático para roubar a bola no ataque e sair como flechas tocando em alta velocidade e com precisão (Klopp), usa mais o lado ofensivo de Khedira (Mourinho), utiliza Lahm e Kroos no coração do jogo em partidas contra rivais mais fechados e transforma Neuer em líbero para reduzir distâncias numa defesa que atua adiantada (Guardiola). A Alemanha da fusão. A Alemanha multicultural, e não apenas pela origem de seus jogadores: a Alemanha multicultural por suas influências. A ideia de Klinsmann levada à máxima potência e até mesmo além disso.

"Essa Alemanha é melhor que a dos anos 1970?", perguntou Eduard, o editor deste livro, muito tempo atrás, sugerindo que talvez fosse conveniente situar a revolução de Klinsmann em um contexto histórico. Em Belo Horizonte, senti que estava em condições de começar a responder àquela pergunta. Eu tinha visto o Inglaterra × Alemanha da fase classificatória para a Eurocopa de 1972 e a semifinal daquele mesmo torneio, contra a Bélgica, poucas horas antes de ir ao Mineirão para o duelo contra o Brasil. Em 48 horas, passado e presente se juntaram em minha vida e sentei-me diante deles como um observador sem preconceitos, com vontade de aprender.

A Alemanha de 1972 sempre é muito elogiada, especialmente pela atuação contra a União Soviética na final. Um 3 a 0 sem chances para o adversário, indiscutível, um banho monumental. Vendo aquele jogo, fica mais fácil entender o que disse Santiago Segurola: uma coisa era o Bayern dos anos 1970, e outra coisa era a seleção alemã.

De fato, a Alemanha dos anos 1970, mais precisamente a de 1972, tinha Netzer jogando como volante, enquanto o Bayern tinha Roth.

Dois jogadores de perfis completamente opostos, embora não se possa negar a imensa importância de Roth nos três títulos do Bayern na Copa dos Campeões. Netzer era outra coisa: um passador extraordinário, talvez o único jogador daquele time que poderia rivalizar com Beckenbauer na precisão do passe com o lado externo do pé. Netzer era elegante, fino, criava seu tempo para pensar e colocar a bola no lugar certo com extrema precisão. Ele se beneficiava muito quando enfrentava rivais que não marcavam fazendo pressão, como aquela Bélgica da semifinal em Antuérpia, que lhe deu muito tempo para fazer dois passes para Müller, nas costas dos zagueiros, que acabaram nos gols da vitória alemã. Ou como a própria União Soviética da final, ainda muito distante dos conceitos que depois seriam implantados por Valeriy Lobanovsky, que na época estava no Dnipro Dnipropetrovsk. Naquela tarde de Heysel, a seleção do leste europeu se posicionava muito atrás e nunca pressionava a saída de bola alemã. Na verdade, em dois dos três gols, Beckenbauer e Schwarzenbeck avançam desde o próprio campo, conduzindo a bola sem muita oposição.

No entanto, não se pode dizer que aquela Alemanha tenha sido um time redondo e perfeito. Esse jogo contra a Bélgica não é tão brilhante quanto a final, e no duelo eliminatório contra a Inglaterra, disputado entre abril e maio (equivalente às quartas de final, já que só quatro equipes jogavam a fase decisiva), a Alemanha sofreu uma barbaridade em Wembley.

Depois de ser superior no primeiro tempo, com jogadores melhores tecnicamente (e isso porque a Inglaterra, no terceiro duelo entre as duas equipes em seis anos, jogou com a dupla de meios-campistas formada por Colin Bell e Alan Ball), na segunda etapa o time germânico foi empurrado para sua própria área, diante de um adversário que acumulou atacantes e que, com um futebol muito direto, pôs o time de Helmut Schön contra as cordas. A segurança de Sepp Maier e as finalizações ruins dos britânicos — levados à frente por um impetuoso Emlyn Hughes, que comandou as ações pelo lado esquerdo — adiaram o empate em várias ocasiões, durante o que havia se tornado uma disputa de ataque contra defesa. Até que, aos 33 minutos do segundo tempo, nem mesmo o goleiro do Bayern de Munique pôde impedir que Francis Lee mudasse o placar do jogo de ida para 1 a 1, a doze minutos do final e sob uma perspectiva de virada bastante perceptível nas arquibancadas. O lance em que a Alemanha levou esse 1 a 1 explica muito bem o que poderíamos citar como ponto fraco daquele time de 1972: Beckenbauer arrisca muito na saída de bola com um passe vertical, tentando superar duas linhas; depois da roubada de bola dos ingleses, Netzer não volta, fica parado, e Colin Bell passa por ele com imensa facilidade. De certa maneira, usar Netzer como volante de contenção tinha os mesmos prós e contras de posicionar Lahm nessa função em 2014: uma saída de bola mais limpa (a de Netzer, inclusive, era mais genial), mas uma evidente vulnerabilidade para frear os contra-ataques rivais quando a bola era perdida.

A Alemanha ter vencido aquele jogo foi uma espécie de milagre. Porque qualquer pessoa que estivesse vendo a partida aos 35 do segundo tempo, sem saber como ela terminou, teria apostado em vitória dos ingleses, ou pelo menos no desfecho em 1 a 1, com a Alemanha segurando o empate com gols para o jogo da volta. Dois contra-ataques inesperados — os primeiros depois de vários minutos sem ações ofensivas alemãs — e dois erros de Bobby Moore — que fez uma partida terrível, falhando em dois dos três gols — levaram primeiro ao pênalti que Netzer transformaria no 2 a 1, depois ao 3 a 1 marcado por Müller a dois minutos do fim. Foi um resultado de impacto pelo local da partida e pelo adversário (os mesmos da final de 1966), mas, falando puramente na parte futebolística, nem se poderia comparar com o que houve em Belo Horizonte, 42 anos depois.

Do ponto de vista tático, é verdade que houve novidades na Eurocopa de 1972 com relação ao que a seleção de Helmut Schön vinha mostrando nas Copas do Mundo de 1966 e 1970. A estratégia defensiva de marcação individual por todo o campo continuava (há

Gol da Alemanha

momentos em que Höttges e Breitner aparecem em lados invertidos, por causa da perseguição radical aos atacantes) e também o líbero (nesse caso Beckenbauer, que já sem Schulz nem Schnellinger como companheiros, recuou para atuar atrás de Schwarzenbeck, seu colega também no Bayern). Mas, se nos torneios anteriores o esquema alemão poderia ser definido como um 4-2-4 (sempre levando em conta as características da época), em 1972 vimos pela primeira vez algo similar a um 4-3-3.

Depois de vários anos jogando com Beckenbauer e Overath como dupla de volantes, com dois meias abertos e dois atacantes, na Eurocopa da Bélgica passou a ser mais comum ver Netzer, Hoeneß e Wimmer em posições mais interiores. Esse último, na verdade, funcionava como uma espécie de "fator de correção": contra a Inglaterra, caía para esquerda para ajudar Breitner a se defender de Lee, e cobria as costas do lateral quando ele subia para o ataque; diante da Bélgica, posicionava-se quase colado à lateral direita, porque Höttges tinha de ir com frequência ao meio-campo, devido aos movimentos do rival que marcava, e sua lateral ficava praticamente vazia; contra a União Soviética, jogava por dentro quando o time defendia e ficava mais aberto, quase na ponta, quando o time atacava, porque Heynckes fazia movimentos em diagonal para o meio do campo.

Mas, depois da aposentadoria de Uwe Seeler e da aparição de Hoeneß, a Alemanha passou a jogar com um homem que trocava mais passes por trás de seu centroavante, e sem uma dupla referência, como a que se viu na Copa do México. Isso permitia que, em alguns momentos do jogo, a equipe tivesse posses de bola mais longas, o que se notou sobretudo no segundo tempo contra a Bélgica, quando o time "escondeu" a bola durante vários minutos para manter o resultado — algo que o Bayern de Guardiola fez muito na eliminatória contra o Arsenal, naquele famoso jogo em que Beckenbauer criticou o excesso de passes de lado.

De qualquer forma, seria pouco preciso dizer que aquela Alemanha de 1972 era um time de posses de bola longuíssimas, que vencia porque anestesiava os rivais e que buscava o espaço depois de ter o adversário já tonto de correr atrás da bola: inclusive quando tinha claro controle da partida diante de rivais fechados na defesa, aquele time procurava jogar verticalmente e mexer a bola com velocidade. Netzer cadenciava o jogo, e Hoeneß voltava para receber, o que fazia aumentar a capacidade para elaborar jogadas desde o círculo central, mas de fato não havia muita horizontalidade (ela só aparecia quando o placar estava a favor).

Outra característica que deve ser levada em conta é a marcação por pressão. A Alemanha de 1970 era um time que esperava antes de ir para cima dos rivais (o jogo contra o Peru é um ótimo exemplo), e a de 1972, com Hoeneß e Müller mais concentrados nesse tipo de função tática, já tentava roubar a bola no campo contrário — e muitas vezes conseguia. Ainda não era uma pressão intensa, com todo o time, mas já representava uma novidade. E eu só percebi isso já no Rio de Janeiro, onde Alemanha e Argentina jogariam a final da Copa de 2014. Enfiado em um quarto velho de um bloco de apartamentos que virou a prolongação de um hotel devido à demanda imensa por alojamentos, sem wi-fi nem internet a cabo para consultar dados, fui assistindo a jogos do Media Player do meu laptop e de um monte de DVDs que eu tinha levado para o Brasil. Foi ali, naquele cubículo, que ganhei forças e — com as persianas baixadas e janelas fechadas para evitar o barulho de uma cidade caótica demais — me perguntei: "Em que momento Helmut Schön decide que é a hora de marcar fazendo pressão?". O que o havia influenciado para que ele tomasse essa decisão?

Chovia. Dava para ouvir o barulho da chuva na rua, mas principalmente no pátio interior daquele prédio que em algum momento foi a casa de famílias cariocas e que, naqueles dias, era um albergue improvisado para torcedores argentinos que tinham chegado de carro ou para jornalistas de todas as partes do mundo, desde que não se incomodassem em ter de ir muitas vezes ao hall do hotel para poder mandar as reportagens que escreviam em quartinhos desconectados do mundo.

| Gol da Alemanha |

Entre folhas com telefones de assistência médica e alertas para os perigos de transmissão de DSTs — um colega tinha a teoria de que aquele lugar, em dias normais, era na verdade um apartamento para levar prostitutas —, encontrei um DVD que até o último instante me deu dúvidas sobre colocá-lo na mala ou não. Esparramado entre tantos, ali estava: quartas de final da Copa dos Campeões da temporada 1972/1973; Ajax de Amsterdam × Bayern de Munique.

Na época, deve ter sido o jogo do "não pode ser melhor": o Ajax, bicampeão da Europa e já não mais dirigido por Rinus Michels, porém ainda desenvolvendo seu *futebol total* sob o comando do treinador romeno Ștefan Kovács, contra o Bayern, que ainda não havia conquistado o título, mas contava em seu elenco com seis jogadores da seleção campeã da Eurocopa no ano anterior (Maier, Schwarzenbeck, Beckenbauer, Breitner, Hoeneß e Müller). Imagino que, nas horas anteriores à partida de ida, devia haver uma imensa expectativa para comprovar se aquela geração alemã, que já alcançara a glória nas disputas entre seleções, seria capaz de acabar com o reinado holandês e evitar que o time — que ainda contava com Johan Cruyff — se tornasse o segundo da história, depois do Real Madrid, a ganhar três Copas dos Campeões da Europa seguidas.

Não teve jogo. Foi um duelo entre um jeito de jogar antigo e outro muito mais moderno, contra o qual não havia uma resposta. Isso chama atenção mesmo se relevarmos a perspectiva histórica, afinal o Ajax vinha ganhando tudo na Europa fazia dois anos e meio. Não era novidade o estilo de jogo que iriam praticar, mesmo contra o Bayern de Udo Lattek. Pressão asfixiante, jogadores posicionados estrategicamente para roubar a bola sempre no campo de ataque, uma pressão que não devia nada à que a Inglaterra havia feito sobre a Alemanha durante o segundo tempo do duelo de alguns dias antes. O Bayern não conseguia dar três passes seguidos. As marcações individuais não funcionavam, porque a mobilidade holandesa era extraordinária: poderiam ficar todo o jogo em cima de Cruyff, mas os dois jogadores necessários para marcá-lo não conseguiriam depois conter a subida do zagueiro, que chegava ao ataque como se fosse um ponta. O jogo acabou 4 a 0, e nem foi preciso ver a volta. Beckenbauer, Müller, Hoeneß e Maier (que jogo ruim ele fez aquele dia!)... Os reis da Europa de meses antes agora eram humilhados por um Ajax que acabaria por vencer pela terceira vez a Copa dos Campeões da Europa. Cruyff iria para o Barcelona logo após, seguindo o mesmo caminho trilhado por Rinus Michels depois da conquista do primeiro título, em 1971.

Seria lógico pensar que Helmut Schön, depois de ter visto o Ajax ganhar em 1971 e 1972, decidiu introduzir o conceito de marcação por pressão na seleção alemã, que havia sido finalista da Copa de 1966 e semifinalista em 1970. Ele até passou a adotá-lo de maneira discreta, com dois — ou, no máximo, três — jogadores apertando o cerco quando sentiam a chance de roubar a bola no campo rival, mas não chegou a desenvolver um sistema tão mecanizado e coletivo como o do lendário time de Amsterdam. Schön enfrentaria aquele mesmo esquema na final da Copa do Mundo de 1974, mas ainda não sabia disso.

A pergunta seguinte que me fiz, naquela noite no Rio de Janeiro, foi: "Como Lattek reagiu depois de um banho daqueles?". Foi ele quem introduziu o conceito de pressão no Bayern na temporada seguinte? Eu já havia visto os dois jogos contra o Atlético de Madrid e não tive essa sensação. Será que ele tinha se preparado para pelo menos enfrentar esse tipo de adversário? Tirei da mala os DVDs da semifinal da Copa dos Campeões de 1973 / 1974, em que o clube bávaro enfrentava os húngaros do Újpest Dózsa. Os *mágicos magiares* dos anos 1950 — aquele famoso time de Kocsis, Puskás e companhia, que ganhou um amistoso de 6 a 3 em Wembley e perdeu de modo surpreendente a final de 1954 em Berna justamente contra a Alemanha — sempre eram citados como uma das influências de Rinus Michels para o desenvolvimento de seu *futebol total*. Haveria algo daquilo no Újpest Dózsa? A noite começava a ficar interessante.

| Gol da Alemanha | **183**

No entanto, o jogo de ida em Budapeste acabou sendo difícil de assistir àquelas horas, e o sono me venceu no intervalo. Antes, tive a chance de comprovar que não havia qualquer tipo de pressão agressiva no campo do rival por parte do Újpest e que o Bayern de Lattek também não pressionava — o que, de fato, não era surpresa nenhuma. É verdade que se notava uma mudança maior nas posições: o *futebol total*, que inclusive foi mencionado pelo comentarista alemão durante o jogo, era visto nas posições nada definidas dos jogadores em campo (algo de que já tínhamos falado vendo a final contra o Atlético de Madrid). Breitner era claramente o jogador que, de forma mais exagerada, saía dos padrões de posicionamento lógico, mas Müller também fazia isso, indo buscar a bola em seu próprio campo; Torstensson e Kapellmann, que algumas vezes jogavam por fora e outras por dentro, também conseguiam tornar indecifrável o esquema de Lattek.

Na manhã seguinte acabei de assistir ao jogo de ida — que terminou 1 a 1, de certo modo porque os alemães pareceram relaxar um pouco depois de se sentirem bem superiores — e também vi pedaços da partida de volta, na qual o Bayern começou mais agressivo e atropelou os húngaros, vencendo por 3 a 0. Naquele duelo no Olympiastadion, Breitner quase nunca fechava a linha de defesa. O que aconteceu na final contra os *colchoneros* não havia sido por acaso: contra o Újpest, Hansen também marcava no setor esquerdo; e as poucas vezes em que Breitner defendia, ele o fazia no lado direito. Tudo ao contrário da seleção alemã que havia ganhado a Eurocopa dois anos antes, na qual ele jogava como lateral esquerdo convencional.

Minha cabeça não estava muito preparada para tentar decifrar mais uma vez as intenções do Bayern de Lattek, muito menos do de Cramer. Mas eu tentei: coloquei o DVD da semifinal da Copa dos Campeões do ano seguinte, a de 1975, jogada em uma Saint-Étienne gelada, com a bola branca confundindo-se com a neve que cobria praticamente todo o campo e com Beckenbauer inventando a função de líbero que rouba bolas patinando no gelo. Mas aguentei ver pouco. O jogo era confuso e nunca dava para saber a posição em que Dürnberger estava jogando.

Fiquei convencido de que a melhor definição para aquele Bayern era a de um time que fazia marcações individuais, tinha Beckenbauer como líbero, não fazia pressão no campo adversário e contava com jogadores de ataque que trocavam de posição. O Bayern de 1976, já com Cramer desde o início, era mais fácil de colocar no papel com os nomes, os números e as posições. Era mais compreensível. E talvez por isso me parecesse o melhor dos três: porque eu conseguia entendê-lo e porque o banho que deram no Real Madrid na volta das semifinais foi extraordinário. Era um Bayern muito mais próximo do 4-3-3 que Helmut Schön havia começado a usar na Eurocopa de 1972 e que depois levaria os alemães ao título da Copa do Mundo de 1974.

Fui para a rua. Precisava de ar, tomar café, conversar com as pessoas, sair daquele quarto que já estava contaminado de tanto se manter fechado e de tantos nomes que passeavam pela minha cabeça. Ao ver o sol, tive a sensação de ter saído de uma prova de matemática. Era sábado, o Brasil jogaria naquela tarde, mas ninguém parecia ligar muito para isso. A vergonha do 7 a 1 em Belo Horizonte tinha feito todos olharem para a Copa com certa desconfiança; havia o medo de uma vitória dos argentinos e pouca vontade de jogar por um terceiro lugar depois de ter sofrido um massacre em casa.

Peguei um táxi na rua Senador Dantas e pedi que me deixasse perto do Maracanã. Dali, observei (pela primeira vez à luz do dia) as colinas que cercam as praias do Leme e de Copacabana. A cidade que vai escalando os morros e, enquanto sobe, vai se tornando mais humilde, mais popular, mais complicada. Entrei no mítico estádio da final: um Maracanã modernizado, com a capacidade bem reduzida em relação à época do gol de Ghiggia — aquele que, segundo a lenda, calou duzentas mil pessoas. Sentei-me na sala de imprensa e, quando me deram o microfone, fiz uma pergunta para Bastian Schweinsteiger. Uma pergunta muito longa, e muito ambiciosa talvez, para uma véspera de final de Copa do Mundo:

"Bastian... Você que esteve no início do processo com Klinsmann, em 2006... Na sua opinião, que questões concretas mudaram no

Gol da Alemanha

futebol alemão para modificar o estilo e a imagem que se tinha observando de fora? E que influência você acha que técnicos estrangeiros na Bundesliga, como Louis van Gaal ou Pep Guardiola, tiveram em tudo isso?"

Bastian suspirou quando eu comecei minha segunda pergunta (que me vi obrigado a misturar à primeira, porque só se permitia uma pergunta por jornalista). Eu era perfeitamente consciente de que Schweinsteiger não esclareceria todas as minhas dúvidas 24 horas antes de jogar a partida mais importante de sua vida, mas tinha de tentar. Talvez ele dissesse alguma coisa.

"Acho que em 2006 começamos um processo de renovação e, obviamente, técnicos como Van Gaal ou Guardiola ampliaram os horizontes dos jogadores que trabalharam com eles no Bayern e pudemos trazer para a seleção coisas que eles nos ensinaram."

A resposta estava na linha da teoria com a qual trabalhávamos. Não era a invenção da pólvora, mas reafirmava o que pensávamos. E quem reafirmava era o jogador que — talvez ao lado de Philipp Lahm — mais poderia falar sobre aquilo tudo: Bastian Schweinsteiger, um dos ícones da revolução de Klinsmann. O típico herói alemão, que precisou sofrer muito antes de virar herói, como diria Franck.

Depois entrou Joachim Löw, que seguiu a mesma linha de raciocínio quando um jornalista holandês perguntou se os alemães haviam se inspirado em seu país, na tradição ofensiva que a Laranja havia popularizado nos anos 1970. O técnico sorriu — como se lembrasse em silêncio que a Alemanha Ocidental venceu os holandeses e que, mais uma vez, não seriam campeões —, mas disse que se o jornalista quisesse pensar que a Alemanha era como aquela Holanda, ia deixá-lo acreditar nisso.

"Não apenas a Holanda. Vimos muito futebol na Holanda, na Espanha, na América do Sul. Quando começamos esse processo em 2006, com Klinsmann, queríamos abrir os olhos e observar o que estava acontecendo no mundo e que coisas positivas poderíamos agregar ao estilo alemão de sempre para tentar melhorar."

Era a nova Alemanha de que Willy sempre falava: a que não tem vergonha de admirar os outros. Que não tem vergonha inclusive de dizer que olha para os outros para construir a própria identidade. A Alemanha aberta para o mundo.

O jornalista holandês me fez lembrar que ainda faltava rever a final de 1974. Eu não podia voltar ao Maracanã no dia seguinte sem assistir de novo àquele Alemanha Ocidental × Holanda: Beckenbauer contra Cruyff, Helmut Schön contra Rinus Michels. Diz a lenda que a Holanda era o melhor time daquela Copa. E que a vitória da Alemanha foi uma tremenda injustiça. Será que era verdade? Realmente o Alemanha × Argentina do dia seguinte seria um jogo em que a *Mannschaft* havia mudado de lado em relação à final de quarenta anos antes? A Alemanha de Löw era a Holanda de Michels, e a Argentina de Sabella era a Alemanha de Helmut Schön? Do mesmo Schön que havia maravilhado o mundo na final da Eurocopa de 1972? O Rio de Janeiro continuava lindo, mas o futebol era ainda mais, e eu teria de voltar ao quarto do hotel para me pôr na máquina do tempo pela última vez antes que o Cristo Redentor passasse a assistir à final da Copa do Mundo mais presente de nossa vida.

A Alemanha de 1974 me fascinou. Primeiro, por sua capacidade de neutralizar um rival poderosíssimo, envolvente e que tinha um grupo de jogadores com uma ideia interiorizada dificílima de desenvolver — e, quando bem executada, complicadíssima de combater. Eu já tinha visto alguns jogos anteriores do time de Schön para tentar encontrar mudanças com respeito à equipe de dois anos antes. Berti Vogts e Wolfgang Overath voltavam àquele time depois de terem perdido a Eurocopa da Bélgica por lesões. Pode parecer exagero, mas depois de ver aquele Alemanha × Holanda com atenção — era a segunda vez que eu assistia, a primeira foi comentando para a Gol Televisión uns meses antes —, fiquei absolutamente convencido de que, sem esses dois jogadores, o resultado da final teria sido outro. Mais do que isso: cheguei a pensar que a Alemanha de 1972 não ganharia da Holanda de 1974. Por quê? Porque a marcação individual

Gol da Alemanha

de Vogts sobre Cruyff foi espetacular e também porque Overath (inteligentíssimo, um canhoto passador que pensava rápido e jogou toda a carreira no Colônia) era muito mais dinâmico que Netzer. Overath voltava para marcar depois de perder a bola, o que Netzer não fazia, então mordia, pressionava, ajudava em tarefas defensivas, não parava de correr... Características fundamentais para derrotar o *futebol total* de Rinus Michels. Netzer era um gênio, mas muitas vezes jogava andando. Schön precisava que todos defendessem contra a Holanda: inclusive seu meio-campista mais criativo.

Vendo o jogo, a sensação era de que Schön passou anos se preparando para aquele confronto. O time não pressionou no campo rival nenhuma vez (nem quando perdia por 1 a 0, o que provocou cenas curiosas, como a dos zagueiros holandeses trocando passes no meio-campo sem que ninguém se aproximasse). Nem Müller, nem Hoeneß marcavam a saída de bola. Schön não podia se permitir perder duas peças caso a Holanda saísse jogando e as superasse, e os holandeses eram muito capacitados para isso. As marcações estavam bem definidas: o jovem Bonhof em Neeskens, Schwarzenbeck em Rensenbrink, Breitner em Rep e, é claro, Vogts marcando Cruyff. Chamava atenção que Schön tivesse conseguido fazer Breitner, um jogador normalmente anárquico, ficar concentrado nas tarefas defensivas.

Berti Vogts. Que personagem tão decisivo em toda essa história! O grande marcador que anulou Cruyff em 1974. O treinador da velha escola cujos métodos se mostraram ultrapassados em 1998, com a derrota contra a Croácia, que começou a provocar uma reavaliação de todo o futebol alemão. O homem que recomendou à Federação Alemã que contratasse Klinsmann como técnico quando ninguém queria o cargo, depois da eliminação na fase de grupos da Eurocopa de 2004, com Rudi Völler no comando — logo Klinsmann, que, é bom lembrar, nunca fora técnico e se mudara para a Califórnia, onde jogava com nome falso para não ser reconhecido e poder navegar na internet tranquilo em algum cibercafé com seu laptop. Berti Vogts.

Se Cruyff jogava em todas as partes do campo, Vogts o marcava onde quer que ele estivesse. A Alemanha de Schön tinha grandes marcadores, que eram muito diferentes entre si. Vogts era o especialista na marcação de campo aberto e, por isso, quase sempre ficava com o ponta do lado oposto (ou com o segundo atacante, de mais mobilidade). Schwarzenbeck era excelente marcando perto de seu goleiro e enfrentando o corpulento centroavante rival, mas sofria se o tirassem dessa parte do campo ou se tivesse de marcar um atacante mais rápido.

A ideia era clara: Vogts seguiria Cruyff até quando o gênio holandês fosse receber a bola no campo de defesa. Isso fez com que Vogts se tornasse, em vários momentos, o jogador mais adiantado da Alemanha. Se Cruyff superava essa marcação e entrava na área, Schwarzenbeck ia marcá-lo e Beckenbauer ficava com Rensenbrink. A tarefa se complicou porque, no primeiro lance do jogo, Hoeneß precipitou-se e foi pra cima de Cruyff quando o holandês entrava na área, depois de passar por Vogts. Pênalti, 1 a 0, e um contexto complicado para um jogo em que a ideia era atuar de forma mais defensiva. Ficou ainda pior quando Vogts levou um cartão amarelo aos cinco minutos, por fazer repetidas faltas em Cruyff. Restavam 85 minutos para jogar, e o homem que teria de marcar o craque adversário já tinha sido advertido. A câmera focalizou Schön, que nunca perdia a calma no banco.

O jogo era tão envolvente que, de novo, esqueci que estava no Rio de Janeiro. Não me importava que as outras pessoas estivessem na praia. Que espetáculo! Que mérito a Alemanha teve por virar um jogo naquelas circunstâncias. Que jogador era Overath, como apoiava Grabowski, que gênio era Gerd Müller jogando de costas para o gol.

Quando a Alemanha fez 2 a 1, lembrei-me de Juanma Lillo. Minto: lembrei-me de Lillo algumas horas antes, quando vi o 4 a 2 contra a Suécia na primeira fase, um jogo em que Müller não fez gols, mas criou toda a jogada dos três primeiros, atuando como pivô em cima do marcador mais forte e mais alto, enquanto era

Gol da Alemanha

pressionado e empurrado de todas as maneiras. "As pessoas só falam do Müller artilheiro, mas ele era um espetáculo quando recebia a bola na entrada da área, de costas para o gol e sempre a devolvia bem, tirando da jogada o zagueiro que o marcava", disse-me Lillo uma vez em sua casa, quando fui com Aitor Lagunas entrevistá-lo para a revista *Panenka*. Naquele mesmo dia, o técnico basco também nos contou que o Guardiola que ele treinou no Dorados de Sinaloa, no México, era um especialista na "dissuasão do passe" do adversário. "Por que vocês acham que sofríamos menos gols quando ele jogava, mesmo que não roubasse tantas bolas? Porque ele entrava na linha de passe, e fazia o rival reconsiderar a jogada." Também me lembrei disso porque houve um momento no segundo tempo daquele Alemanha × Holanda de Munique em que os holandeses não passaram a bola para Cruyff justamente porque Vogts estava na linha da trajetória do passe. Vogts! Ele dissuadia os holandeses de tocarem para Cruyff! Que prazer dava ver tudo aquilo.

No segundo tempo da partida, um gesto de Cruyff foi muito revelador. O capitão holandês — verdadeira bandeira dessa geração que tinha maravilhado o mundo com seu futebol e conquistado o coração de todos os torcedores neutros após golear a Argentina e também eliminar o Brasil — levantou a mão enquanto tinha a bola nos pés e mandou todos os companheiros para a área: ia fazer um lançamento longo. A Holanda não conseguia trocar passes por dentro em razão da eficiência da defesa alemã. A equipe de Rinus Michels teve várias chances claras para empatar num segundo tempo de pressão total, mas muitas delas vieram com cruzamentos laterais ou em ações de bola parada.

E não se pode dizer que Michels não tenha tentado de tudo. No intervalo, ele tirou Rensenbrink e o substituiu por René van de Kerkhof, com certeza pensando que um jogador mais aberto pela esquerda poderia causar mais dificuldades para Schwarzenbeck. Neeskens chegava cada vez mais como falso atacante, e Bonhof, que tivera uma participação ofensiva interessante durante toda a Copa, praticamente virou zagueiro no segundo tempo. A Holanda poderia muito bem ter empatado aquele jogo. Mas não aconteceu.

Não aconteceu, e essa resistência à pressão — com todo o time recuado defendendo-se de uma Holanda com grandes virtudes no passe — fez crescer ainda mais o mito de que "a Alemanha ganha até quando joga pior". Se pensarmos bem, em pouco tempo tinham surgido exemplos variados dessa ideia: a vitória sobre a Inglaterra em Wembley com dois contra-ataques enquanto os ingleses buscavam o 2 a 1, em 1972; o Bayern de Munique que bateu o Atlético de Madrid na final da Copa dos Campeões com um gol de Schwarzenbeck nos acréscimos da prorrogação, em 1974; aquele título mundial contra uma Holanda supersônica depois de ter sofrido uma derrota dolorosa para a Alemanha Oriental e de quase não chegar à final após jogos complicados contra Suécia e Polônia, também em 1974; o milagroso segundo título continental do Bayern, em 1975, diante do Leeds, talvez o feito dessa lista que mais tenha sido obra da sorte; e a terceira Copa dos Campeões dos bávaros, em 1976, com um gol de falta, depois de o Saint-Étienne ter acertado duas bolas na trave. Muitos desses jogos se resolveram em detalhes. Em vários deles, pode-se discutir se houve mais ou menos sorte. Mas o panorama geral que entrava para a história era aquele. E a própria Alemanha começou a acreditar que, se carregava algo de especial, eram suas vitórias épicas.

Na manhã do domingo da final da Copa do Mundo de 2014, eu comia um omelete com presunto em uma praça do Rio de Janeiro, bem em frente ao Theatro Municipal. Ao meu lado, alguns alemães faziam o mesmo. Eles tinham vindo de muito longe para ver, no Maracanã, o quarto título mundial de seu país.

Talvez fosse a primeira vez que chegavam à final como principais candidatos ao título. Em 1954, contra os *mágicos magiares*, não eram favoritos de jeito nenhum. Também não eram em 1974, mesmo jogando em casa, contra a Holanda de Cruyff. É possível que o cenário

Gol da Alemanha

em 1990 contra a Argentina, em Roma, tenha sido um pouco mais favorável, mas eles enfrentariam Maradona, o jogador que quatro anos antes já os havia derrotado em um jogo com os mesmos técnicos: Carlos Salvador Bilardo e Franz Beckenbauer. Era, em todo caso, um Maradona fisicamente debilitado, com muitas dores no tornozelo, e Beckenbauer utilizou uma estratégia similar à que, com ele em campo, Helmut Schön usara para frear Johan Cruyff em 1974: marcação individual — Guido Buchwald não largaria Maradona. Da mesma maneira que Vogts, Buchwald adiantou sua posição para ficar sempre em cima do jogador mais criativo do rival. Com isso, liberou Lothar Matthäus, que em 1986 estivera mais preocupado em defender do que em atacar. Embora aquela Copa do Mundo seja lembrada como "a pior da história", a partida que a Alemanha fez na final, com um grande Andreas Brehme, foi verdadeiramente notável.

Mas desta vez era diferente. Desta vez, a Alemanha era considerada a melhor seleção da Copa do Mundo do ponto de vista técnico, muito à frente das demais. Até os seguidores mais radicais de César Luis Menotti diziam admirar o rival da Argentina. E era isso que havia mudado com relação ao passado: agora, a Alemanha era respeitada *antes* do jogo. Sem que ninguém soubesse se venceria ou não. Isso não significava que, no passado, o país não tivesse tido jogadores excelentes. Na verdade, a chave de tudo estava justamente nesse ponto. Com o passar do tempo, a Alemanha foi se esquecendo que havia ganhado suas Copas, em grande parte, por ter jogadores excelentes.

Quando Beckenbauer aposentou-se da seleção alemã e deixou o Bayern de Munique para ir jogar nos Estados Unidos, tanto no clube como na seleção todos pensaram que deveriam continuar jogando do mesmo jeito. E não do ponto de vista do sistema tático (porque algumas vezes jogou-se com defesa de quatro e outras vezes, de cinco; o próprio Helmut Schön sempre jogou com quatro), nem da ideia de jogo (em seus melhores momentos, tanto a Alemanha quanto o Bayern tinham se adaptado bem às circunstâncias dos jogos, sendo equipes dominadoras quando eram superiores ao rival e times de contra-ataque quando o cenário mudava). Mas o que aconteceu foi que os alemães continuaram convencidos de que o líbero era necessário para proteger os marcadores.

Era compreensível que Schön pensasse dessa forma, que seguisse jogando com um líbero depois de Beckenbauer (porque já havia feito isso antes dele, com Schulz) e que tentasse o mesmo com Manfred Kaltz em sua última competição como técnico (a Copa da Argentina, em 1978, que acabou com uma dolorosa derrota para a já eliminada Áustria, em Córdoba). Mas se chegou ao ponto em que isso ficou sistematizado de tal maneira que já não eram levadas em conta as características dos jogadores. Tanto fazia se o líbero tinha habilidade para sair jogando com a bola, como Stielike, ou se apresentava dificuldades, como Augenthaler. No segundo caso, toda a maneira de jogar do time mudava por completo em relação ao que tinham sido o Bayern e a Alemanha dos anos 1970, já que a principal característica daqueles grandes times era a capacidade de Beckenbauer de se juntar ao ataque e trocar passes com os jogadores de meio-campo. Se, além disso, levarmos em conta também que Müller se aposentou cedo, no fim a tendência natural passou a ser tentar chegar aos atacantes com lançamentos longos. É só ver a final da Copa dos Campeões de 1982, entre Bayern e Aston Villa, em Rotterdam, para perceber: Augenthaler fazendo lançamentos longos, procurando a cabeça de Rummenigge ou de Dieter Hoeneß, o irmão de Uli. Durante muitos anos, o fato de Gerd Müller ser o camisa 9 evitava esse tipo de jogo de ligação direta, porque ele era baixo e preferia receber a bola nos pés. Com jogadores do perfil de Augenthaler, muito bons defensivamente na cobertura e na organização, mas não tanto na distribuição do jogo, a figura histórica do líbero perdia metade de sua essência: a metade mais criativa e voltada para o ataque.

Pouco importou que o Dortmund tivesse ganhado a Champions de 1997 com Sammer como líbero, ou que o Bayern tivesse feito o mesmo em 2001, com Patrick Andersson na função — nos dois casos, com Ottmar Hitzfeld como técnico e com uma linha de cinco, com

Gol da Alemanha

dois zagueiros marcadores e dois alas. Pouco importou que o líbero da virada do século fosse menos caracterizado que nas décadas anteriores e que o futebol alemão passasse por mudanças graduais com a incorporação progressiva da marcação por zona. Pouco importou que a própria seleção tenha chegado à final da Copa de 2002 com Carsten Ramelow atuando entre Metzelder e Linke, e que tenha jogado — e perdido — com esse esquema clássico sua melhor partida naquele Mundial, na final contra o Brasil. Deve-se reconhecer o mérito da Federação Alemã de ter se mantido firme em sua decisão de repensar todo o futebol do país e de não dar um passo atrás quando chegavam resultados positivos com modelos que ainda seguiam a velha escola.

Fui para o estádio. Vi a Alemanha ganhar uma final que poderia ter perdido. Como tantas outras vezes. Poderia ter perdido se Higuaín fosse um pouco mais certeiro durante a parte do jogo em que o sistema defensivo de Sabella deu as cartas. Ou quando Palacio, cara a cara com Neuer, errou o alvo. Poderia até nunca ter chegado àquela final no Rio de Janeiro, porque nas oitavas, contra a Argélia, o goleiro do Bayern evitou, nos últimos minutos antes da prorrogação, o 1 a 0 para os africanos; um gol que rondava o estádio Beira-Rio, mas que sumiu como um fantasma no vento frio do Rio Grande do Sul. Mas a Alemanha ganhou. E depois do jogo, quando perguntaram a Löw se seu modelo era herdeiro do da Espanha e de Guardiola, o técnico resumiu tudo o que tentávamos explicar havia um ano e meio:

"Quando caímos na fase de grupos nas Eurocopas de 2000 e 2004, nós percebemos que não podíamos confiar apenas nas virtudes alemãs. Porque essas virtudes os outros também já tinham. Percebemos que não estávamos produzindo jogadores de bom nível técnico, que havíamos descuidado da educação futebolística. Por isso a federação reuniu-se com os clubes e com a Bundesliga e, entre eles, foi aprovada a regulamentação das escolinhas e dos centros de excelência. Quando assumimos a seleção com Klinsmann, há dez anos, tínhamos esse objetivo de renovar toda a estrutura, mas sabíamos que podíamos nos apoiar em um trabalho que estava sendo feito nos clubes para formar jogadores melhores. Então, na seleção, nós fomos beneficiados pelo trabalho de muitos treinadores do futebol alemão. De Guardiola, nos últimos anos, mas também de Heynckes, que ganhou todos os títulos com o Bayern e ensinou essa geração a ganhar, depois de tantas vezes ter batido na trave."

Lembrei de Willy. E de Franck. De Franck, que se queixava sempre porque não davam nenhum mérito a Heynckes. De Willy, porque a frase de Löw era exatamente igual à que ele me havia escrito: ensinar a ganhar.

"Já não tínhamos bons jogadores." "Formar jogadores de bom nível técnico nas escolinhas." Mario Götze, cria dessas escolinhas, tinha doze anos quando Klinsmann e Löw assumiram a seleção.

E Klinsmann? Onde estava Klinsmann? Em que lugar do mundo ele viu a realização final da obra que havia começado, da OBRA DELE?

Ninguém se sentia mal por Klinsmann não estar ali, no meio daqueles abraços? Ninguém lamentava que sua aventura no Bayern não tivesse durado nem um ano?

Passei a revisar algumas fichas de jogos pela última vez. Se a Federação Alemã havia sido coerente com sua decisão, apoiando-a até o fim, o mesmo não se podia dizer do Bayern.

Quando Hitzfeld e sua linha de cinco pareceram antiquados, chegou Magath, que era da velha escola, mas pelo menos jogava com uma linha de quatro na defesa. Ele ganhou títulos locais, mas foi atropelado pelo Chelsea e pelo Milan em duas Champions seguidas (os jogos contra o Chelsea ainda deviam estar no videocassete da minha casa, mas eu já não tinha tanta vontade de revê-los). Então o Bayern voltou-se para Hitzfeld e, dois anos depois, tentou modernizar o clube de novo, só que dessa vez de verdade: com Klinsmann, o mesmo que havia modernizado a seleção alemã. As coisas não saíram bem — ou faltou paciência — e foram atrás de Van Gaal. O Bayern sempre foi devorado pela necessidade de ganhar, e tanto Klinsmann quanto Van Gaal, mesmo tendo dado coisas positivas ao

Gol da Alemanha

time, acabaram demitidos. Nessa batalha entre o velho e o novo, nessa roleta à base de tentativa e erro, deram outra vez o time para Heynckes, que venceu. Daí, Guardiola ficou livre. Ele era o máximo expoente da modernidade. Era a última bala, a definitiva, a perfeita, para que o futuro vencesse a batalha entre mudar ou não mudar, em um clube sempre sujeito ao medo dos maus resultados.

Mas… Alguém teria falado em mudança no Bayern se não fosse a mudança com Klinsmann na seleção? Do que estaríamos falando se Rehhagel tivesse aceitado dirigir a Alemanha, depois de ter vencido a Eurocopa com a Grécia? Quem teria apostado nos jovens talentos das categorias de base se Klinsmann não tivesse chamado Löw, se não o pusesse no trono quando se sentiu desgastado, depois de fazer todo o trabalho sujo, passar por toda a briga com a imprensa, os políticos, a alta cúpula dos dirigentes e o povo que fala demais?

Dez de março de 2009. Bayern 7 a 1 contra o Sporting de Portugal. A última vitória de Klinsmann com o Bayern na Champions League. O sétimo gol foi marcado por um estreante chamado Thomas Müller.

Oito de abril de 2009. Barcelona 4 a 0 sobre o Bayern. O começo do fim. No banco de um time devastado por desfalques na defesa, estava um garoto chamado Holger Badstuber.

Um ano depois, eles eram titulares na final da Champions League com Louis van Gaal.

Cinco anos depois, somente uma decisão baseada mais em marketing que em rendimento impediu que Thomas Müller fosse eleito o melhor jogador de uma Copa vencida pela Alemanha.

Saí do Maracanã correndo, porque os demais companheiros da GolT queriam ir para o hotel após uma maratona de trabalho. Capotei na cama com camisa e calça jeans e acordei dez horas depois. Eram sete e meia da manhã. O Rio de Janeiro acordava rindo da Argentina. Em algum lugar do mundo, como Humphrey Bogart em *Casablanca*, Jürgen Klinsmann ligava seu laptop em um café. Olhava a foto de seus meninos. Sorria. Os heróis dignos e silenciosos não conhecem a inveja.

19. Não importa quanto tango há na sua vida, mas quanta vida há no seu tango
(Franck)

O trem não parou durante todo o percurso entre a estação de Sants e o aeroporto. Não parou em Bellvitge, nem em El Prat. Parecia que o trem queria me dizer: "Não tem saída, não dá para voltar atrás. A decisão está tomada. Ponto final. Fim do conto barcelonês". Mas eu nem pensava nas paradas do trem. Todo viajante tem um mecanismo interior que é bem interessante: quando se dispõe a sair de um lugar, desliga-se completamente. Deixa de ver tantas vezes seus conhecidos e começa a caminhar num ritmo mais lento e a prestar mais atenção na cidade. Pensa em meio às ruas e prédios. É assim que um viajante se despede dos lugares e das pessoas. Pessoas e lugares que se entrecruzam, porque formam uma mesma experiência de vida. Porque sem os lugares não há vida, e sem a vida não há lugares.

O viajante perpétuo não tem esse sonho de voltar a um lugar para reviver as festas ou os amores passageiros. Em sua condição de viajante, a única companhia familiar é a de si mesmo. Ele se lembra das pessoas da Sibéria, Boêmia, Campânia ou Cardona. Lembra-se dos sorrisos e dos abraços. Mas eles não são mais do que pontos de referência no mapa mental que vai se desenhando pela vida. O viajante é um ser líquido: aparece e desaparece. A cidade de Barcelona me parecia cheia de gente assim. O estranho é que não nos confraternizamos. Deve ser porque sabemos que estamos de passagem. Aproveitamos o encontro, mas nos cansamos rápido. Porque amanhã estaremos em outro lugar. Não é como o estudante de Erasmus que vive de festa em festa. O estudante vive para se esquecer de tudo, em um processo de despedida que é adiado indefinidamente. Abraços, choro, álcool e maconha. E uma última transa com a amante passageira, antes de voltar para Marselha, onde o espera a namorada de sempre.

Axel certamente não entendia muito bem esse movimento. Preferia sonhar com as nórdicas que passeavam pelas praças de Gràcia. Durante um tempo, tentei convencê-lo de que minhas inquietudes eram normais. Ele não entendeu. A verdade é que eu também não as entendia completamente. Acho que a gente tenta se adaptar ao ritmo, às ideias e ao estilo da metrópole. E, no fim, acaba tornando nossas algumas coisas que nunca nos pertenceram.

A única conexão estável é a que se produz com as pessoas que são do lugar. Vivem com suas amizades estruturadas, às vezes odeiam isso, e você é uma distração bem-vinda. Eles sonham com viagens. Sonham em desligar do mundo. Não entendem que esse desligamento só se aproveita de verdade quando, a cada retorno para casa, ao abrir a porta, sua mãe aparece com seu prato favorito e seu pai com aquele olhar crítico de sempre. Não sei se Axel é uma dessas pessoas, mas sua última carta me deu a entender que, de alguma forma, ele havia aprendido comigo que seu *sabadellismo* era uma coisa muito valiosa. Já não queria mais ir para Hamburgo. Construiria sua própria Hamburgo em Barcelona. Eu sentia inveja? Será que ele tinha aprendido mais do que eu naquela relação que, muito rapidamente, havia deixado de ser o clássico vínculo entre aluno e professor?

Em geral, as pessoas que moram em Barcelona estão de saco cheio de estrangeiros. Axel, não. Axel não me surpreendeu apenas por sua vontade de continuar querendo aprender alemão. De fato, pensei que ele deixaria as aulas uns dois meses depois de começar, como quase sempre acontece. Mas não. Sua vontade de que eu conhecesse sua cultura era imensa: ele me mostrou seu estilo de vida e sua Sabadell, inclusive a casa de fim de semana de seus pais.

Foi um convite incomum para Barcelona — tinha um toque de hospitalidade russa. Era um convite para ficar. Para começar a se sentir em casa. Mas nós, os viajantes, vivemos por momentos, não estabelecemos vínculos duradouros. Tudo é volátil. A única coisa que fica são os acontecimentos vividos, aquilo que não esperávamos encontrar antes do início da viagem.

Olhando por esse lado, eu poderia despedir-me de Barcelona com toda a propriedade. E quando chegasse ao meu destino seguinte, teria várias histórias para contar. Em Barcelona eu havia entendido a ideia de "capital cultural", esse conceito curioso do sociólogo francês Pierre Bourdieu que é ensinado nas universidades e só faz sentido quando é encontrado na vida real. Imagino o que direi quando me perguntarem "O que você fez em Barcelona?" quando, na verdade, querem perguntar "Que raios você fazia lá, seu folgado, enquanto nós estávamos aqui ralando?".

Eu poderia olhar nos olhos deles e pensar: "Que diabos vocês sabem da minha vida? Vocês não fazem ideia da vida que se leva por lá". No entanto, acho que eu diria algo assim: "Fui a Barcelona fazer estágio. Enquanto trabalhava, percebi que não gostava nada da profissão que escolhi. Fiquei apaixonado pelo tango e suas loucuras e, quando terminei o curso, não sabia o que fazer, então voltei a Barcelona para aprender mais tango e trabalhar como professor, porque era disso que eu realmente gostava. Tive que ralar muito, primeiro como professor particular e, depois, quando já tinha certa experiência, em escolas. Nas minhas andanças, topei com um cara chamado Axel, que queria saber de coisas que eu tinha deixado para trás. Futebol? O que me importava o futebol? Um homem não se interessa por essas bobagens!".

Mas, certamente, que viagem interessante foi essa! Barcelona se transformou. Gràcia se transformou. Antes era a cidade da Sagrada Família e dos porres. E Gràcia, o bairro da moda. Quando conheci Axel, Gràcia virou o bairro das aulas nas praças. Transformou-se no bairro em que eu enfrentaria minha própria cultura, minha própria

Gol da Alemanha

história e algumas perguntas que antes eu não me fazia. Axel, com as perguntas na ponta da língua, sempre alerta, não me deixava escapar. Perseguia a resposta até encontrá-la. E, quando a obtinha, abria-se outra porta no labirinto de incógnitas alemãs em que ele caminhava tateando. Ele me fez mergulhar em seu mundo de curiosidade infinita, até chegar ao ponto em que eu já não podia ler a imprensa esportiva sem pensar em como contaria as coisas para Axel, prestando sempre atenção para ver se algo serviria à nossa pesquisa. O que falamos e o que ele me escrevia, ou o que eu escrevia para ele, tudo isso se transformou em algo indivisível. Às vezes, estava lendo um texto dele e pensava "Eu que contei isso pra ele?" ou "Ele me explicou isso em algum bar?". Em outro momento, quando eu escrevia umas linhas, pensava: "Mas eu já não contei isso pra ele?".

Eu me abastecia de futebol. Axel me convidou para gravarmos um *podcast* juntos. Disse que não poderia me pagar nada, porque era um produto para apoiar o desenvolvimento de seu projeto chamado *MI*, para o qual não tinham um centavo. Eu não pude negar, porque no fim das contas todo meu conhecimento precisava ser dividido. Acho que colaborar em um *podcast* era algo justo. De repente, virei um *entertainer* irreverente e a autêntica voz alemã para Axel e seus companheiros de *MI*.

A verdade é que não tinha percebido o papel de destaque que Axel tem no jornalismo esportivo até o dia em que o convidei para dar uma palestra no meu trabalho. Sobre futebol, é claro. Em alemão. Nos dias anteriores à visita, alguns alunos só falavam de Axel Torres. Um deles, quando soube que Axel daria uma aula, gritou: "Axel Torres? Ele é de Sabadell!". O garoto, que também era de Sabadell, repetiu isso durante toda a semana, até o momento em que Axel Torres apareceu, em carne e osso. Metade dos alunos — uns trinta — esteve presente. Fiquei com um pouco de medo, porque também estavam ali alguns colegas professores. Temia que o resultado não fosse satisfatório, já que tínhamos parado as aulas de alemão para terminar essa investigação sobre Klinsmann, Guardiola, Beckenbauer e, no fim, também sobre

Löw e a Copa do Mundo. Porém, todos ficaram encantados: Axel, porque foi capaz de falar durante uma hora inteira em alemão, com torcedores; meus alunos, porque puderam conversar com alguém que admiravam e que, além disso, era famoso; e eu, porque um colega veio me falar "Que bom alemão! Que bom uso da gramática!". Passamos pela prova de fogo. Axel superou inclusive as próprias expectativas. Se ainda tivesse vontade de morar em Hamburgo, não teria de se preocupar com o idioma. Logo faria amizade com um grupo de torcedores do Sankt Pauli e, em seis meses, estaria recitando os trava-línguas alemães em velocidade impressionante.

Mas o mais inesperado aconteceu quando a Copa do Mundo já se aproximava: Axel me perguntou se eu queria ser comentarista na rádio Marca durante os jogos da Alemanha. Eu me assustei porque pensei que teria de ser narrador: "Mas para isso há especialistas, Axel!". Ele me disse que não, que eu só teria de ser o *color commentator*. Falou aquilo com a naturalidade do profissional que não repara na ignorância do leigo. Como tantas outras vezes, fui à Wikipédia para descobrir o significado do conceito que acabara de ouvir. Era um tecnicismo norte--americano. E daí entendi que se tratava de uma pessoa que colabora na transmissão com a intenção de dar um tom mais próximo ao que está sendo narrado. Para me preparar, voltei a ler os fóruns de futebol.

E fiz. Fui *color commentator*. Tentei não parecer bobo. Não sei se consegui. Achava que ninguém que eu conhecia iria ouvir. Apenas minha mãe, na Alemanha, que procurou um *stream* na internet e me escutava com fones de ouvido, sentada no sofá, rindo quando entendia alguma coisa, enquanto o restante da família assistia em alemão, como sempre. Ninguém entendia por que minha mãe ria enquanto todos os demais sofriam durante o jogo: noventa minutos de tensão, ou pior, cento e vinte... Um dia meu padrasto parou para me ouvir e me disse que eu falava rápido igual aos espanhóis. Depois, eu soube que mais gente estava escutando a transmissão. Inclusive gente que nem gostava de futebol. Ninguém riu de mim. Pelo que parece, deixei boas lembranças.

| Gol da Alemanha |

Sentado no trem, percebi que, nos campos onde em março havia uma plantação de alcachofras, agora não crescia mais nada. A terra secava diante do sol impiedoso do fim de julho. Na hora, lembrei-me do e-mail de um ex-aluno. Ele agora morava na Alemanha e estava se formando como técnico comercial em um supermercado. Tinha feito um máster de jornalismo esportivo e me escreveu quando soube da minha participação na rádio. Ele me disse: "Que sorte têm algumas pessoas. Nada melhor do que ter bons contatos. É o trabalho que eu sempre quis ter! Aproveite! E mande um abraço para o Edu García, da parte de Sergi". Eu respondi: "É uma pena, Sergi. Quase me sinto culpado. Nunca pensei em ter um trabalho assim, foi uma grande surpresa. Tinha muito medo de falar bobagens. Durante as transmissões, às vezes eu me assustava um pouco por estar falando ao lado de gente com tanta experiência e tanta voz... Comigo, com certeza, aconteceu o mesmo que com você. Desejei uma coisa desesperadamente durante anos e, no fim, não consegui. Entendo sua dor".

Quando deixei de olhar a tela do celular e levantei a cabeça, vi que já estávamos chegando ao aeroporto. Os alemães já tinham chegado à Europa? Quem tinha perdido no Brasil? Eu já não me lembrava se tinha comentado a decisão de terceiro lugar ou a final da Copa do Mundo. Os alemães ganharam a final? Klose fez o gol do recorde? Philipp Lahm levantou a taça em meio às vaias no Maracanã? Löw conseguiu terminar o projeto que Klinsmann começou? Os méritos de Guardiola foram reconhecidos? Tudo poderia ter sido diferente: Neymar levantando a taça, sorridente e se apoiando em muletas enquanto as pessoas choravam de alegria nas arquibancadas. Ou será que a história se repetiu e a Holanda perdeu duas finais consecutivas? "Isso aconteceu faz só dez dias, Franck!", eu disse, repreendendo a mim mesmo. É que, de alguma maneira, tudo isso pertencia a Barcelona e ao planeta Axel. Tudo aquilo estava no passado e, enquanto eu me afastava da cidade, o que "poderia ter sido" e o que "realmente foi" acabaram se confundindo. Eu não sabia se tudo havia sido um sonho ou se realmente tinha acontecido. Na verdade, não importava. Em dezenove horas eu estaria no aeroporto Ministro Pistarini e, a partir de então, qualquer movimento tático só me serviria para fazer sorrir a mulher que estivesse em meus braços ou para evitar alguma trombada na pista de dança. Não importava o que tinha acontecido antes. Apenas o momento. Então, pensei nas palavras do meu primeiro professor de tango: "Não importa quanto tango há na sua vida, mas quanta vida há no seu tango".

Ao descer do trem, olhei pela última vez para a cafeteria da estação da Renfe. Lá, o café com leite custa menos de dois euros, enquanto do outro lado da ponte — ou seja, no aeroporto — custa uns quatro. Daria tempo de tomar um café com leite? Sim, sempre há tempo para um café. "Grande?" "Grande!" Um café à moda do Axel, para me despedir dos cafés daqui. Tenho certeza de que, naquele momento, ele já estava na Hungria. E, como sempre, viajando feliz, porque sabia que não demoraria para chegar novamente em casa. Senti uma inveja sadia. Quando fui procurar tabaco para enrolar um cigarro, encontrei a carta que havia recebido um dia antes. Abri. Meu pai tinha colocado no envelope o recorte de um jornal de Munique: Beckenbauer criticava Guardiola. Tirei uma foto com o celular e mandei para Axel. Acrescentei um comentário: "Na Alemanha, não importa o quanto de jogo existe no seu futebol, mas sim o quanto de Beckenbauer". Dois anos antes, Axel teria franzido a testa diante de uma declaração como essa, e uma notícia como aquela teria passado batida por mim. Agora, acontecia o seguinte: Axel, em uma arquibancada húngara, pega o telefone, lê a mensagem, sorri, mostra ao amigo Tomàs, que também sorri, e eu me uno a eles, mesmo a distância. Depois, pego a mala com os sapatos de dança, jogo-a nas costas e saio do café da estação.

Agradecimentos

"A todos os que me suportaram enquanto escrevia este livro."
AXEL TORRES

"Obrigado a todos os que me ajudaram e me apoiaram ao longo deste processo. Em especial, ao Axel (sobretudo por confiar em mim), ao Dominik (sobretudo por discordar de mim), ao Tomàs (por me apoiar na fase final) e à *schon frau* (por me acalmar os nervos). E como não poderia deixar de ser em um livro de estreia: à minha família, por ser como é e me fazer ser o que sou."
ANDRÉ SCHÖN

1ª reimpressão

Este livro foi composto na fonte Dante
em corpo de 12 pontos, impresso pela gráfica Bartira com tiragem
de 2000 unidades e diagramado pela Tupiniquim Design

Campinas, 2016